一人一人違う
子どもたちに

伝わる

学級づくりを
本気で考える

川上康則　　　　　林 真未

明治図書

まんが：有田りりこ

雑誌や書籍に挿絵を描いて30数年。趣味は犬の散歩。

—このふたり、どんなつながりが…？

これから「伝わる」をテーマに対談を進めていくお二人の先生方。同じ「先生」という仕事をしている二人の出会いを聞いてみたら，不思議な縁がありました。

ふたりのルーツを辿ってみる

—それでは，これから1冊を通して，よろしくお願いします！　まず，マミ先生と川上先生，
おふたりはどのような関係なんですか？

マミ先生

実は私たち，同じ大学・同じ部活出身なんです（P2マンガ参照）。
共通の恩師がいて，私も川上さんもお世話になったんです。

川上先生

立教大学体育会水泳部の監督だった故・平賀 孟 氏
です。この本を進めながら，改めて私たちの考えに
は共通点が多いと思いましたが，それは「平賀イズ
ム」によるのかもしれません。

2人の恩師・平賀孟氏

「平賀イズム」について，川上くんの言葉で読者の皆さんに説明し
てください。

まずは「選手ファースト」の意識です。平賀監督は，いつも私たち
のことを中心に考えてくれていたというのがあります。大きな大会
でタイムが伸びなかったときに，「オレの立てた練習が良くなかっ
た。すまなかった」と言われました。次に「ユーモア」。監督は面
白エピソードに事欠かない人でした。叱られることもありましたが
納得できたし，周りは笑いが絶えませんでした。この本の中でも書
きましたが，「ユーモア」がなきゃダメだ，ってところは，かなり
色濃く残っている気がしますね。

たしかに，監督の「選手ファースト」は，私たちの「子どもファー
スト」につながっていますね。

もちろん，まったく同じようにできるわけじゃないのですが，アテ
ィテュードモデルと言うのでしょうか。こういう振る舞いをする

と，子どもたちはこういう風に感じるものなんだ，というのを日常の関わりを通して教えてもらった気がします。

平賀監督からは無償の愛を感じました。いじりつつ，常にかまってくれる感じとか。それも私たちに自然と伝わっているのかもね。

—本書でも存分に語っていただいたおふたりの「愛」や「信頼（ラポール）」のルーツは「平賀イズム」なんですね。それは，本書のテーマを「伝える」ではなく「伝わる」にしたいという川上先生のこだわりにも表れているように思います。

はい。「伝える」と「伝わる」は一文字違いですが，何に重きを置いているかで使い分けられる言葉だと思います。
「伝える」は主体が教師，教師主導のかかわり方，という意味合いがあるように感じます。一方で，「伝わる」であれば，関わりの中身は同じであったとしても，そこには「子どもたちの立場に立って」という大前提が加わるように思います。

「伝える」を「教える」に，「伝わる」を「わかる」に置き換えたら，違いがわかりやすいかも。何かを伝えたときに「こちら側としては伝えたつもり」でも，受け手に「伝わって」なければ意味がない。そういう意味で，学校では「伝える」より「伝わる」ことが必要だってことですよね。

おっしゃる通りです。私たち教師は学校にいるとつい，子どもたちに話を聞かせたくなってしまう。でもそれは，子ども目線で考えたら「させられている」「やらされている」になってしまうのではないでしょうか。
なんとなくのニュアンスの違いですが，その視点の違いは常に大事にしたいです。

―たった一文字の違いですが，そのような意図があるんですね。ちなみに，おふたりが子ども
たちに「伝わっているかどうか」を意識し始めたきっかけってありますか？

私は，新人のころに「教科書出して」って子どもたちに言ったら，
「教科書って何？」って言われたことが一番記憶に残っています。
その時，先輩から『「ライオンさんの本を出してね」（光村図書の小
学1年の教科書は表紙がライオンの絵）とか，そういう言い方をし
ないと』って教えてもらいました。その時に，子どものボキャブラ
リーで話さなきゃいけないっていうことを学びました。

私の周りにいる子たちから，それはもう，いたるところで感じてい
ます。とくに肢体不自由児の養護学校に配属になった初任の時の経
験は大きかったです。
とても重い障害がある子たちで，1日の中で覚醒して起きている時
間もごくわずかでした。言語でのコミュニケーションは困難で，彼
らからのわずかな表出を読み取ることを大切にしました。その時に
初めて，自分たちが伝えようとしていることを彼らがどのように受
けとめるかを考える面白さに気づけました。
私たちが「言葉かけ」と呼んでいるものがいかに大人本位の考えの
もとにあるか，「伝えたつもり」「わかっているつもり」を当たり前
だと考えてしまっているか，そういう怖さを感じ，一言一言にかな
り気を配るようになりました。それこそ今でも，一音ごとに話すの
か，それとも言わないでおくのかを考えます。

通常の学級にもたくさんの非言語コミュニケーションがあります。
アイコンタクトとか，補助教具をそっと差し出すとか。言葉を尽く
すよりも様々なコミュニケーションの手段を試すことが，「伝わる」
ために有効なことがあると感じています。

―最後にお伺いしたいのですが，現在の学校現場は，GIGA・個別最適な学びなど，やらなきゃいけないことが山積の状態に感じます。そんな多忙な先生方に，本書をどのように生かしてほしいですか？

この本では，時代のニーズに応えるというより，いつの時代でも変わらない，本質的な部分をテーマにしたつもりです。
あとは，「さっと読んで，さっと使える」ことかな。忙しい現場ですぐ応用できるような親切な本になっていたらいいな，と思っています。

私は，今の先生方の関心が子ども以外の方に向いているように感じています。働き方改革にしても，「○○教育」にしても，目の前の子どもたちが求めるものかどうかのほうが本来は大切ですよね。そう考えるとこの本は，「教室にいるあの子」に向き合いたくなるような，一人ひとりの子どものことを知りたいと思えるような本になるかなと思っています。

そうですね。本来，教育って，子どもを見て，その子どもに必要なものを考え，提供するものですよね。

そうなんです。一つひとつが大切なのはわかるのですが，たくさんある○○教育の全てが，「はたして今ここでこの子に必要か」ということは議論されていません。だからこそ，「この子はこんな関わりを求めている」「あの子にはこういう伝わり方がある」というところを考えたいですよね。

―ありがとうございます。後半から先生方の本音もどんどん出てきて，とても面白くなってきたところなのですが，紙幅の都合上ここまでとさせていただきます。読者の皆様にはぜひ，おふたりの想いを，本書を通して感じ取ってもらえたら嬉しいです。

もくじ

第1章
「伝わる」ためのマインド＆スキル25

マインド

スキル

第2章
「伝わる」ための基礎知識　教室の子ども図鑑

第3章
「伝わる」アクション！ケース別Q＆A 20＋5

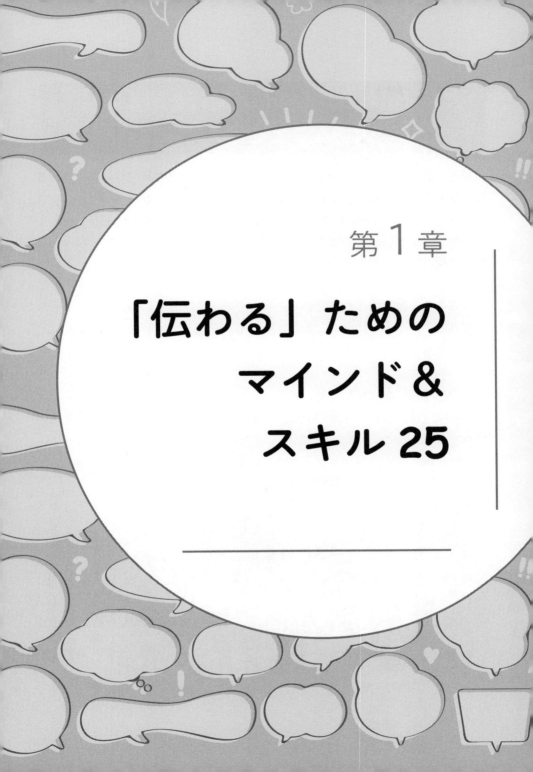

第1章

「伝わる」ための
マインド＆
スキル25

「伝わる」ために，時代を超えて 大切なことを考えてみた

　最近（2022年），日本のあちこちから，「新しい時代の幕開けに向けて，教育も変わらなければ…」そんな言葉がたくさん聞こえてきます。

　けれど，「今の若い者はなってない！」という言い方が古代ギリシャの昔からあったように，この言質も，実は，ずいぶん昔から，世界中で繰り返し使われ続けてきたものなのです。

　もちろん，時代の流れに合わせた教育を考えることもだいじ。

　だけど，いつの時代でも，どこにいても，共通して変わらない，大切にしたいこともある。この本は，そちらに照準を合わせています。

　いつの時代にも大切なこと。

　それは，教室という空間の中で，ともに過ごす大人と子どもが，心を通い合わすということ。

　思いを伝え合い，わかり合うということ。

　その小さな営みこそ，教育のいちばんさいしょ。はじめの一歩。

でも，どうやって？

……というわけで，この章では，教師と子どもの思いが，お互い「伝わる」ために，私たちが大切だと思うものをまとめてみました。

前半は【マインド】。

つまり，日々教育に臨むにあたっての教師としてのありよう，というか，たたずまい，というか…。

「伝わる」ための前提条件としてだけでなく，すべてのベースになるような，日々の心がけについて話しています。

後半は【スキル】。

話し合ったのは，たしかに「伝わる」スキルではあるのだけれど，これを単純にスキルと呼びたくない，という思いもあります。

なぜなら，これらの方法は，後ろ側にある思いとか，前提としての子どもへの信頼とか，そういうものがあって，はじめて生きてくるものだからです。

ここにあるだけじゃ，数も説明も不十分かもしれないけれど，子どもにあなたの思いが「伝わる」ために，少しでもお役に立てたら嬉しいです。

マインド 01　All YOU NEED is LOVE
～愛こそがすべて～

マミ先生　まず必要なのは愛。愛がなけりゃ伝わらない。そもそも，愛してるから伝えたい。この感情がなければ，教師をやっていても全然面白くないんじゃないかと思う。

川上先生　受け手側の知りたい，聞きたいという意欲の根っこにも愛情は欠かせません。いくつかの理論的根拠※もあります。

間違えちゃいけないのは，子どもの意欲を生み出すために愛するのではなく，愛されるから意欲が生まれる。まずは，何も求めない愛が最初にあるってこと。

教師自身が大切にされることも必要です。現状は，教師自身が愛されていないのに，子どもに愛を与え続けている……。

現実は厳しいよね。それでも私は子どもを愛する。愛さずにはいられないよ。だって，あんなに精いっぱい生きている人類って，なかなかいないもの。

※理論的根拠…アタッチメント，安全基地，ソーシャル
　ネットワーク理論　等

マインド 02 教室に吹かせている 「風」を感じる

 「風」って，教師によって醸し出される教室の空気感のことだよね。

 そうです。学級経営って，実は「どういうアプローチをするか」という方法論より，「どのような風で包むか」という教師のありようのほうが，ずっと重要だと思います。

 でも，そうは言っても，忙しい毎日の中で，いつも良い「風」ばかりというわけにもいかないじゃん？　私なんか，年中あたふたしているから，きっと，めまぐるしくいろんな「風」を吹かせていると思う…。

そうですね，教室内外のいろんな不安が，教師が良い「風」を吹かすことを阻んでいるかもしれません……。でも，まずはそうやって，自分の「風」を自覚することがだいじなんです。一番怖いのは，自分の吹かせている「風」を感じられなくなること。すべての教師が，柔軟さと寛容さをもって，常に教室に「心地よい風」を吹かすことができたら，いちばん良いですよね。

空を飛ぶ鳥になる
～俯瞰でモノを見る～

「鳥になる」っていうのは比喩で，要は，自分の置かれている状況を俯瞰で把握しようってことだよね。たとえば，今，先生たちの勤務環境は大変な状況だから，日々の指導がうまくいかないのは，ある意味当たり前。でも，目の前のことでいっぱいいっぱいだと，その構図に気づかず，ひたすら自分に能力がないから…って落ち込んじゃうとかって，あると思う。

そうですね。そういう大きな構図だけでなく，小さな指導場面でも客観視って有効です。鳥になるのは，自分じゃなくてもいい。私は，ある指導場面で平常心を保てないかも，と感じたときに，同僚に「そばにいて見ていてほしい」とお願いした経験があります。そうやって，自分の指導を他の人に客観視してもらうことで，冷静に対応できるのです。

そういうのをメタ認知※っていうのかな。そういえば，これからの子どもたちにも必要な能力って言われているよね。

※メタ認知…自分の認知活動をさらに客観的に認知すること

マインド 04 なにより，ラポール 〜信頼関係〜

 私，保護者の立場で，娘の友達を親しくもないのにガンガン叱って，引かれてしまった苦い過去があるのよ。その手痛い失敗体験があるから，4月の最初は叱らない。まずは仲良くなってお互いに大好きな関係になることを優先するの。そうすると，その後は，ちょっとやそっと乱暴に叱ったって大丈夫。

 マミ先生，「ラポール（信頼関係）をベースに叱る」って，実は高度な技術なので，そう簡単に薦めないほうがいいかもしれません。ラポールを築くには，関わり合いを繰り返す中で「この先生が好き」「自分をわかってくれている」という子どもの信頼を得るまでの丁寧な営みが必要です。「信頼ができているから厳しくしてもいい」と自己肯定している先生，割といます。

 そう，丁寧な営みを積み上げるのがすごくだいじ。

 とにかく，ラポールは「伝わる」ためだけじゃなく，すべての根幹。子どもは，ルールよりラポールに従います。

マインド 05 心を真っ白にして ～余計な先入観は持たない～

先入観なしで，ありのままを見る。心を真っ白にして，子どもたちの話を聞く。そうすれば，授業でも，大切なつぶやきや鋭い意見を拾える。年度替わりの引継ぎも，頭には入れるけど，まずは真っ白な心でその子を見る。トラブルの際も，他の先生の聞き取りは参考に留めて，真っ白な状態で聞く。先入観なしで向き合うことは，人と人とが伝わり合うために大切なことだと思っています。

ああ，それはとても大切なことです。そして，実はものすごく難しいことでもありますよね。

職員室で，子どもについて語る先生方の会話を聞くともなく聞いていると，どこかしら，その子の人物像に先生自身の評価や先入観が滑り込んでいるな，と感じることがあって。でもそれは，私自身にもきっと起きていることだと思うのです。だからこそ，日々，心を真っ白にして，その子のありのままを見ることを意識していきたい，と思っています。

子どもたちの ありのままを見る

マインド 06 言葉の奥に潜む声に 耳を澄ませる

言葉に囚われなければ，暴言の正体は，ネガティブな感情の語彙の乏しさだとわかります。「むかつく」「死ね」などの暴言を口にするとき，その子が本当に表現したいのは「もどかしい」「苦しい」「思い通りに行かない」などの切ない思いです。

それ，わかる。「むかつく」「消えろ」「死ね」などの言葉，私には「助けて」に聞こえるの。あと，授業中に突然「もうやだ！　やらない！」って叫ぶ子がいたんだけど，それも，よく観察していると，その子が伝えたいのは，「わからないから，教えて」ていう切実な叫びだってわかってくる。言葉だけじゃなくて，たとえば教室の隅に行っちゃったり教室を出てっちゃったりっていうのも，不器用な自己表現。だから，私が出会った子には，心を素直に表現するってどうすればいいかを，具体的に伝えたいと思ってる。

子どもの「もがきの代弁者」でいたいですね。「そんな言葉を使うな」ではなく，「…って言いたいほどつらかったんだね」と，丁寧に子どもの内面世界を代弁する存在でありたいと思っています。

私，正直，学ばなければいけないから学んでいるという感覚はないんですよ。気づいたら息を吸うように学び続けてる。

 「熱心な無理解者」※の罪深さを思うと，学び続けることは教師にとって必須のことと感じます。いろいろな子どもの特性とそれに対する適切な方法を日々学び続けなければ，子どもを教え導くどころか，トラウマさえ残しかねません。

 息を吸うように学び続けているっていう感覚，川上クンにも感じるよ。誰に頼まれたわけでもなく，いつもアタマの中，教育についてぐるぐる考えているでしょう。

 でも，やらされる研修は「誰かのため」だから嫌なんです。学びは権利。だからこそ楽しいんだと思います。

 子どもになにかを教えるときに最善を尽くそうと思ったら，学び続けるしかない。「学ぶ」ってそこら中に転がっていて，遊んでるときだって，頭の片隅にアンテナさえあれば，学べてしまうと思います。

※「熱心な無理解者」…理解不足に関わらずそれに気づかず熱心な指導をくり返しかえって子どもの状態を悪化させてしまう人のこと。児童精神科医の故・佐々木正美氏が定義した。

マインド 08 言葉のひとつひとつを大切に

 教師，とくに担任教師は，その立場にあるだけで大きな影響力をもっていることを自覚すべきだと思うんです。その発する言葉の一つひとつが，子どもにとっては，思っているよりずっと重い意味をもつことを。いい意味でも，悪い意味でも。

 正直，それをまともに考えると，恐ろしくてとても学校に行けないよ。どんなに気を配っていても，たぶん自分の思いがけない言葉が知らない間にだれかを傷つけているっていうことはあると思うもん。

 確かに"絶対"はありません。でも，子どもに対する敬意（リスペクト）をもっていれば，滅多なことはないと思います。逆にそれがないと，無意識に子どもを傷つける言葉を連発してしまうかも。

 でもさー，ネガティブな心配ばかりしていても仕方ないもんね。教師の影響力がいいほうに働いたら，子どもたちにパワーを与えることもできるんだから，そっちを目指していこうっと。

 そうですね（切り替え早いな）。

マインド 09　子どもとともに笑う

 私たちの大好きなニイル※の言葉だ！

 はい，「良い教師は子どもとともに笑い，ダメな教師は子どもを笑う」です。教師自身が子どもの前で，笑顔の自分を出せているのか，職員室で，子どもの噂をして嗤ってはいないか，日々見直していきたいものです。

 そ，そうだね…（真面目だなー）。……あのさ，ニイルは「子どものままでいるのが好きな大人」は「生まれながらの教師」だとも言っているよね。私はいつまでたっても子どもだからさー，自分は「生まれながらの教師」ってことにして，いちいち，そういうこと心配しなくても大丈夫！って思ってるんだよね。

 そ，そうですね…（気楽だなー）。
まあ，教師が機嫌よく楽しそうにしているのが一番です。

 そうそう！

※ A.S. ニイル…イギリスの教育家。フリースクールの始祖と言われる。

マインド 10 「いる」を喜ぶ ～存在承認～

 この項は "「伝わる」ため" というより，私が伝えたい原則だな。

 「いる」を喜ぶ。「存在承認」ですね。

 うん。その子がそこに「いる」ことそれ自体を心から喜んでいることを伝える。私は，毎年「どんなに勉強ができなくてもどんなに運動ができなくてもどんなに性格が悪くても，先生があなたたちのことを1ミリでも嫌いになることはないからね！」って，子どもたちに言うの。「何かができるとかできないとか，テストが何点とか，そういうのは，その人の命がそこにあるっていうことに比べたら，もうほーんの小さなこと！」とも言う。そのメッセージが功を奏して，その子が自分の「生命」そのものを自分で祝福できるようになったら，子どもは，不思議と，なんでも頑張ろうっていうやる気がむくむくわくんだよ！

教師の仕事って「教育すること」だけれど，「あなたは存在するだけで喜ばれる」「ほかのだれかと比べなくていい」「すごくても，すごくなくてもいい」って伝えることも，私は，だいじな仕事だと思ってる。

ここにいるだけで

いいんだよ

スキル 01 目を合わせる

目を合わせ，瞳をじっと見て話す。
話さず見つめることもある。

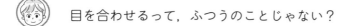 目を合わせるって，ふつうのことじゃない？

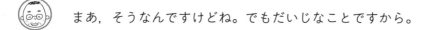 まあ，そうなんですけどね。でもだいじなことですから。

子どもが目を合わせてくれないっていうのはあるけどねー。子ども
って，自分の都合が悪いとき，こっち見ないよね（笑）。

そういうときはどうするんですか。

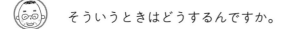 無理やり目を合わす（笑）。私，言葉にできない，伝えたいことが
あるときにも，子どもをじっと見る。こう，明確に叱るほどじゃな
いんだけど，ちょっとそれは違うんじゃないの？　っていうとき，
なんとも言い難くて，じっと見ちゃう。いつまでも子どもが自分に
都合のいいことを言い続けているときや，あまりにも腹が立ったと
きもため息混じりに，じっとその子を見つめ続ける。
私がじっと見ているとね，子どもの頭の中で勝手にぐるぐる考える
みたい。お互い言葉を使わないまま，最終的には，私がうなずいた
り，視線を逸らせたり，子どもの方がどこかへ行ってしまったりし
て，なんとなく終結する。

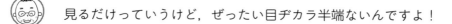 見るだけっていうけど，ぜったい目ヂカラ半端ないんですよ！

スキル 02 ありがとうを伝える
感謝は，声や態度に出さなければ
相手に伝わらない。

 これもふつうのことだよね。スキルというより礼儀というか。

 そうですね。でも，これもだいじなことだから改めて確認です。

 私は，けっこう伝えなくちゃいけないことを伝え忘れたり，「やろうね」って言っていたことをやり忘れたりするから，そのたびに気の利いた子が「先生××するんだよ！」って教えてくれて「あーありがとう〜」っていうのが日常だからなあ。

 ……（目に浮かぶな…）。

 真面目な話するとさ，なんでもないときに改めて，「みんな，学校に来て先生と一緒にいてくれてありがとう」っていうのもたまに言うかな。だって，30〜40人の子どもたちが，大人と毎日一緒にいてくれる場所って，ここ（学校）しかないじゃない？
私はこの状況を失いたくなくて，日々のブラックな勤務に耐えているんだなって思ってるよ。

待つ

わかるまで待つ。
その場で，あるいはもっと長いスパンで。

たとえば，勉強が苦手な子に個別指導して，その子の思考回路に沿って説明をし，その子の頭の中がぐるぐる回転するのを待ってあげると，うまく教えられるってことありますね。

ただ，通常の学級だと待ってあげたくても，時間的状況的に厳しいっていうことは，よくありますよね？

そうなの！　仕方がないので，そういうときは，「本当はあなたがわかるまで待ってあげたいけど，こういう事情でできないからごめんね。休み時間か放課後にやろう」って言います。

特別支援学校での指導の場合，効果が，半年とかそういう長いスパンで伝わることがあります。だからそのくらい長いスパンで「待つ」こともあります。

「変化理論」によると，人間はすぐには変わらず，様々な場所で，様々な方法で，似たようなメッセージをくり返し受け取ることで，数年，数十年のスパンで変わっていくものだそうです。だから，担任している1年間だけではなく，もっと大きなスパンで，「待つ」ことが必要かも。自分が変容した姿を見ることはできなくても，それでも，子どもの変容の礎になると信じて，種をまき続けよう。

<table>
<tr><td>スキル
04</td><td>受け流す
子どもの言うことを受け流すことで，
非言語的なメッセージが伝わる。</td></tr>
</table>

 教師は"受け流す"って意外とやらないかも。私も真面目だから，どっちかって言うと受け流すの苦手だもんなー。

 ……（ホントかな）

 学校って，制約の多い場所だから，たまに受け流すことで，「気楽にやろうぜ」っていう非言語的メッセージが伝えられそうだね。それから，こちらが受け流すことで「先生に言っても，頼りにならないな」って思ってもらって，子ども自身が「じゃあこうしようかな」「こうすればいいかな」って自分で解決策を思いついてくれるっていう期待もできるしね。ああそうか。私がよくやる返し，あれ，"受け流す"っていうくくりにはいるのか……。

※参考：マミ先生の"受け流し"返しワザ	
繰り返して返す	子どもの言ったことを，語尾だけ変えて繰り返すと，会話が先に進みやすい。「先生××したんだ」「へえ××したの」「うん，だからさ…」
一緒に困る	すぐに解決しないで，わざと一緒に困り，子どもが解決策を思いつくのを待つ。「先生××さんが〇〇するんだけどー」「そうか困ったねー」
ユーモアで返す	すぐに解決しそうなものは真面目に取り合わない。「先生消しゴムがないー」「散歩に行ったんじゃない？」「ホントだ，ノートの下にいたよ！笑」

全体指導の8原則

一度に全員に伝わる，が
実現できれば理想的。

　ここでは全体に向けて指導をする際に心がけたい8つのことを解説します。

（1）　注意喚起の原則

　話を伝える前に「これから大事なことを話す」と全員の注目を集めます。

（2）　一指示一行動の原則

　多くをまとめて伝えずに，一つ伝えて一つ実施というふうに繰り返します。

（3）　冗句不使用の原則

　「冗句」とは，「えっと」「あのー」などの口癖のこと。

（4）　視覚的支援の原則

　口頭での伝達だけに頼らず，板書や掲示，ICTなどで視覚的にも提示します。

（5）　具体的操作の原則

　実際に子どもたちが操作する場面をつくるようにします。

（6）　復唱確認の原則

　伝えた後に，子どもたち同士で復唱する時間をつくり理解度を確認します。

（7）　反復練習の原則

　一度だけで終わるのではなく，繰り返し練習する場面を用意します。

（8）即時対応の原則

　子どもに間違って伝わっている場合は，即座に中断し，訂正したり，新しく伝え直したりします。

　この8つの原則を踏まえ，時折，自分の指導や指示を振り返ってみるとよいですね。

（解説担当：川上）

<table>
<tr><td>スキル
06</td><td>目をつぶる
伝えたいのは，ゆるやかさと，
赦す心の広さと…。</td></tr>
</table>

 発達につまずきのある子のふるまいに，目をつぶってあげることは よくあります。

 私も，子どもに「見なかったことにする」って言ってあげること， よくあるな。これも，【スキル04】受け流す同様，それによって非 言語的なメッセージが伝わっていると思う。「赦す，大目に見るっ ていう生き方もあるよ」的な。許すじゃなくて赦すのほうね。

 子どもに対してだけでなく，教師自身も，たまには自分の失敗に目 をつぶっていいと思いますよ。うまく行くのは4回に1回。打率2 割5分で充分だと考えています。

 そっか。子どもも先生も，そもそも，デフォルトの赦す範囲が狭い のかもしれないな。
子どもたちも先生たちも， この，正直，決して万全 とはいえない学校現場で 毎日頑張って生きている んだから，ちょっとくら いのことは目をつぶって あげたいよね。

スキル 07 気持ちを後押しする

見守る気持ち，応援する思いが，
強く伝わりますように。

 私は，よく「そう，それでいいんだよ！」っていう言葉を使います。

 「今のままのあなたでいい」っていう感じがして安心しますね。

 運動会の練習で，自信がなくてやっと踊り始めた子に「上手上手！」は，ちょっと嘘っぽい。「大丈夫，踊れているよ」だと，やっぱり踊れないと思われていたのかな，と逆に子どもに心配かけちゃう。「そう，それでいいんだよ！」だと一番気持ちを後押しできるかなって，考えたんだ。

 声かけひとつでも，いろいろ考えますよね。

 うん。でも人マネはしないほうがいいよね。たまたま，誰かのやり方がピンときたら真似してもいいけど，基本はその人の個性の中で，ウンウン考えて編み出した声かけの言葉がいいと思う。人の言葉だけマネしても，後々，使っている本人に違和感が出て来ちゃうんじゃないかな。

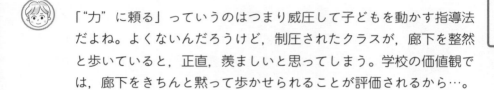

スキル
08 "力" に頼らない

"力"に頼ると，教室を凪にできる。
だけど"力"の誘惑に負けないで。

「"力"に頼る」っていうのはつまり威圧して子どもを動かす指導法だよね。よくないんだろうけど，制圧されたクラスが，廊下を整然と歩いていると，正直，羨ましいと思ってしまう。学校の価値観では，廊下をきちんと黙って歩かせられることが評価されるから…。

でも，力で抑える指導をされたクラスは一見落ち着いて見えるけど，必ずといっていいほど，翌年には子どもの不満が噴出して，落ち着かなくなります。

声を荒げるって，ほんと効果的だから，誘惑に負けちゃうよね。私も，ときどき感情的になって「ねえ！」って怖い顔で大声出すんだけど，あっという間に静かになるから。

落とし穴にはまっちゃダメですよ。大きな声を出したら，瞬間的に子どもを黙らせることはできますが，子どもが学ぶとか成長するという点では，ほぼ意味がないです。

以後，気をつけます。

スキル 09 短く話す

一文が長いと，伝えたいことがぼやける。
子どものキャパを超えてしまう。

 何かを伝えるとき，長い文章で伝えるより，短いセンテンスを，いくつか並べる方が効果的。できれば一つ言って一つやるっていうペースがいいですよね。そもそも，教師は話が長くなりがちですし。

 一度にいくつか伝えなければいけないときは，私は，箇条書きで言うようにしている。番号つけて。「いち，××を出す。に，○○をする。さん，となりの人と△△する」っていう具合。

 板書の併用も効果的ですよね。「見る」と「聞く」で伝わりやすく。

 昔，とっても素敵な先生がいて，私のクラスで素晴らしいお話をしてくれたんだけれど，それが，中休みのチャイムが鳴っても続いたとき，子どもたちは校庭に行きたくてうずうずして，せっかくの良い話も，入っていかなかった。

それから，私の息子たちが先生に叱られるとき「うるさい！」って一喝されるほうが，ネチネチお説教されるよりいいって言っていて，【スキル08】と相反しちゃうけど，これも示唆に富む証言だなって思ってる。

スキル 10
「ちゃんと」を言わない
言われても，子どもはどうすれば
いいかわからない…。

「ちゃんと」やれって言われても，きっと子どもはどうしたらいいかわからないことが多いと思う。とっても融通の利くタイプの子ならできる子はいるかもしれない。でも少なくとも私が子どもだったら絶対困る。「××を，○○して，△△しておいて」みたいに具体的に言われれば，すぐ行動できるけれど。

子どもが思う「ちゃんと」と，先生が思う「ちゃんと」が違うこともありますよね。「ちゃんと」で済まさずに，最初に，なにをすべきかをお互い詳しく共有する必要があると思います。

私，「ちゃんと」だけじゃなくて「きちんと」や「しっかり」も，なんとなく好きじゃない。

どれも，「今のままではダメ」というメッセージを感じさせますからね……。「ちゃんと」が必要以上に溢れると，「気持ちよく過ごす」という大切なことが削がれていってしまう，そんなふうに感じます。

033

楽しそうなイメージで

同じこと伝えるにしても，
なんだかワクワクさせたいのです。

 「めあて」を「ミッション」と言ったり，算数の補助教具を「秘密兵器」と呼んだり，マミ先生，ユニークなネーミングよく使いますよね。

 名付け親は私じゃなくて，子どものときもあるんですよ。他にも，授業を始めるときにも，たとえば4時間目だったら「みんなが給食を食べる頃には，もう，○○についてわかるようになっちゃうよ！」みたいに，ポジティブな声かけをする。私は，学校を面白い場所にしたいんです。学校はどうしても制約が多い。でも，せっかくみんなで毎日集まる場所だから楽しくやりたい。そう思って，ちょっとした言い換えで，少しでも楽しい雰囲気を醸し出せたらって思っているんです。

 できるところから笑顔を作る。

 毎日楽しく過ごしていれば，子どもたちも，ちょっとくらいのイヤなことは「まあいいや」って気にせずやり過ごしてくれるだろうから，トラブル防止にもなると思ってます。

ひみつへいきのおかげで
ミッションコンプリートだぜ☆

スキル 12 叱った後のハッピーエンド
つまらない気持ちのままでは終わりにしない。ぜったいに。

これは必ずやってますね。叱った後「もしかしてうっかりしちゃった？」って付け加える。そう言ったら，子どもは「うっかりしただけで，本当はそんなつもりじゃなかったってこと，先生もわかっていてくれる」っていう安心感で終われる。ちょっと厳しく叱ったときは「あなたはそんな子じゃないはずだよ！」って付け加える。「できるはずだから言ってるよ」みたいなことも言うかな。先生に叱られると，子どもは，「あなたはダメな子」っていうネガティブなメッセージに受け取りかねないから，そうではなくて，「できるのに，やってないことを伝えているだけだよ」っていう確認を最終的にしてるっていう感じかな。それでもシュンとしている様子だったら，なるべくその場で励まして，その場で解消できなかったときは帰るまでに，そして帰るまでに励ませなかったときは翌朝，必ず声をかけるようにしている。けれど，後から聞くと，意外と叱られたことを気にしていないことが多いんだよね（笑）。

すごく大切なことですよね。叱った後に「次どうする？」と聞くのもアリだと思います。「次はもうしません」とか「次は○○します」という言葉が子どもから出てきたら，「そう！　それだよ！」と言いながら，背中をポンと押して送り出してあげる。その背中がショボンと丸まっていては残念な叱り方。胸を張って歩き出す背中にしてあげたいものです。

スキル 13 子ども自身が選んで決める

伝えるために，子どもにいったん結論を預けて
選んだり考えたりする機会をつくる。

子どもは，二択や三択を選ぶのが大好きだよね。子どもが喜ぶから，日常的にこれを使っている先生も多いのでは。

自分で選んで自分で決める。こうすることで，自分の判断や言動にも責任をもつようになっていきます。

ルールを逸脱した子を叱るときにもね，私はまず，そのルールを「知ってましたか？知りませんでしたか？」って聞く。知らないでやったなら，叱られたら可哀そうだから，「覚えておいて」と言うし，知っていたなら「これからどうしますか？」って聞きます。もちろん知ってるのに「知りませんでした」って言う子もいる。そういうときは【スキル01】目を合わせるを使ってじっと見る（笑）。子どもが伝えたいことをうまく言えないときにも三択を活用する。

泣いちゃってうまく話せない子に，「言いたいのは，①…，②…，③…，さあどれ？」っていうふうに。そうすると子どもは泣きながら「②番…」とか「①番だけど，…は…なんだよ」と，なんとか思いが伝えられます。

036

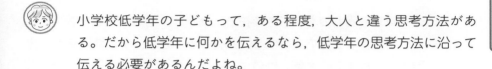

スキル 14

思考に寄り添う

その子の考える道筋に沿って
話さなければ伝わらない。

小学校低学年の子どもって，ある程度，大人と違う思考方法がある。だから低学年に何かを伝えるなら，低学年の思考方法に沿って伝える必要があるんだよね。

認知の歪みがある子は，0か100かで考える傾向があります。そこを教師側の都合で「まあまあそんなこと言わずに60で」で押し通してもうまくはいかないでしょうね。

どの子もそれぞれ，独自の思考回路があるよね。だから，一人ひとり考え方のくせや，ものごとの理解の仕方や，もともとの前提知識，そういうものをいち早く掴んで，それに沿った論理展開で説明してあげると，勉強でも日常の仕事でも，スーッとわかってくれる。

どうやってそれを掴んでいくんですか？

全員のことを理論的に分析するというより，毎日一緒にいたら，なんとなくわかってくる。それで，思考回路が掴めたら，これならわかってもらえるかなって試行錯誤を繰り返して，伝わる方法を見つけていくって感じ。

今後は，モバイル端末の視覚的ツールを使う方法もありますね。

スキル 15 周りの子の理解

クラスが抱えている現状を，
クラスの子どもたちに伝えて，理解し合う。

こだわりや暴力のある子の存在で，クラスが困っているとき，私はそれをクラス全体で共有する。共有するときに，その問題をどう表現するかはすごく大事。絶対に，あの子のせい，あの子が悪い，というイメージにならないようにしないと。

学級全体でネガティブ・ケイパビリティ※を実現している感じかな。

もちろん，どうしてもうまくいかないケースもないわけじゃない。でも，ほとんどの場合，子どもたちが，それぞれのやりかたでその子を包んで，クラスをつくってくれる。何度も困ったことが起き続けても無言で了解して，しかもその子がやりやすいように，とさりげない気配りさえしてくれる。子どもの包容力には感動します。

※ネガティブ・ケイパビリティ…不確実なものや未解決のものを受容する能力

第2章

「伝わる」ための
基礎知識
教室の子ども図鑑

教室の子どもたちの多様性を俯瞰しよう

「発達障害」
ADHD（注意欠如多動性障害）
いつもそわそわしてじっと座っていられない。いろいろなものに気が散り授業に集中できない。
LD（学習障害，読字障害）
文字が流暢に読めなかったり，板書に時間がかかったりして，授業の進度に合わせられない。
ASD（自閉症スペクトラム）
学習活動の見通しがもてないと不安になる。暗黙のルールがわからず，突然発言してしまう。

発達障害※1
2.7人
（7.7%）

小学校

?
?
?
?

「Gifted」（特異な才能のある児童・生徒）
授業が暇で苦痛。価値観や感じ方の共感も得られなくて孤独。発言すると授業の雰囲気を壊してしまう。

Gifted※2
0.8人
（2.3%）

※例示している特性が複合しているケースも多い。
※特性として示している子どもについても，状況にはグラデーションがあり，様々であること。
※このほかにも，学校には，病気療養で学校に通えない子どもやいわゆるヤングケアラー等，多様な背景や困難さのある子供が存在している。

不登校※3
0.4人
（1.0%）

不登校傾向
　　　　　　※4
4.1人
（11.8%）

　この図は，合田哲雄さん（現文化庁次長 前内閣府科学技術・イノベーション推進事務局審議官2022年8月当時）が以前に作成された講演資料のごく一部を抜粋したものです。こうやって眺めると，現代の教室の多様性が一目瞭然です。この章では，そんな多様な子ども一人ひとりについて考えます。

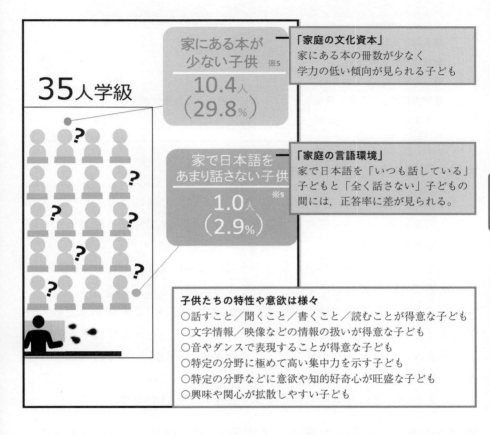

35人学級

家にある本が少ない子供 ※5
10.4人
（**29.8%**）

「家庭の文化資本」
家にある本の冊数が少なく学力の低い傾向が見られる子ども

家で日本語をあまり話さない子供 ※5
1.0人
（**2.9%**）

「家庭の言語環境」
家で日本語を「いつも話している」子どもと「全く話さない」子どもの間には，正答率に差が見られる。

子供たちの特性や意欲は様々
○話すこと／聞くこと／書くこと／読むことが得意な子ども
○文字情報／映像などの情報の扱いが得意な子ども
○音やダンスで表現することが得意な子ども
○特定の分野に極めて高い集中力を示す子ども
○特定の分野などに意欲や知的好奇心が旺盛な子ども
○興味や関心が拡散しやすい子ども

第2章　「伝わる」ための基礎知識　教室の子ども図鑑

【データ出典】
※1　通常の学級に在籍する発達障害の可能性のある特別な教育的支援を必要とする児童生徒に関する調査結果　平成24年12月　（文部科学省）「2.7人（7.7%）」の数字は，ADHD，LD，ASDの内訳を示したものではない。発達障害の記載は，日野公三著『発達障害の子どもたちの進路と多様な可能性』（WAVE出版，2018年）を参考に内閣府で作成。
※2　日本には定義がないため，IQ130以上を仮定し，知能指数のベルカーブの正規分布を元に算出。引き出しの解説は，文部科学省 特定分野に特異な才能のある児童生徒に対する学校における指導・支援の在り方等に関する有識者会議アンケートを参考に編集。
※3　不登校　年間に連続又は断続して30日以上欠席（令和2年度 児童生徒の問題行動・不登校等生徒指導上の諸課題に関する調査（文部科学省））
※4　不登校傾向　年間欠席数30日未満，部分登校，保健室登校，「基本的には教室で過ごし，皆と同じことをしているが，心の中では学校に通いたくない・学校が辛い・嫌だと感じている」場合など含む（不登校傾向にある子どもの実態調査（日本財団））
※5　令和3年度　全国学力・学習状況調査　児童質問紙，生徒質問紙結果より内閣府において作成。全国平均値等を1クラスに仮に見立てた場合のイメージ図。実際には偏在等は生じている可能性が有る旨留意。
児童生徒質問内容：あなたの家には，およそどれくらいの本がありますか。（家にある本の冊数は，家庭の社会経済的背景を表す代替指標の1つ）
児童生徒質問内容：あなたは，家でどれくらい日本語を話しますか。（家で日本語を話す頻度の状況を確認するための質問事項）

キャラ 01 なんでもやる気まんまんの
サユキさん

プロフィール	●意欲が高い
	●頑張り屋さん
	●努力家
	●努力に対して正当な評価を受けていないと感じると気持ちがくすぶっていくので注意

一見，問題がないように見えるけれども···

　「なんでもやる気まんまん」なサユキさん。個人の課題にも，クラス全体の取り組みにも，いつも前向きで意欲的です。努力家で頑張り屋さんな一面もよく見せてくれます。

　一見したところ，特に問題がないように感じられます。しかし，教師の関わり次第では，気持ちがくすぶっていくような場面も見られるようになります。たとえば，授業中の挙手—指名の場面です。賢いところがあるため，教師側も「この子には，答えをすぐに言われてしまう」と感じて指名を避けてしまうようなことはありませんか？こんな場面こそ気をつけなければなりません。指名しないことがきっかけで「どうせ頑張って手を挙げても，指名してもらえない」という気持ちのくすぶりを生んでしまいます。

周囲へのサーチモードが働き，ネガティブな部分に着目するように

　「自分の努力や頑張りが正当な評価を受けていない」と感じると，そのエネルギーの矛先は「クラスの中でルールから逸脱している子ども」に向かいます。「先生，あの子また○○をやってます」「先生，あの子また○○ができてません」といったクラスメイトのネガティブな側面を報告してくるようになったら，その兆しが強くなってきた証拠です。

　こうした行動の背景には，努力を見てもらえていないという気持ちのくすぶりがあることを理解する必要があります。

どうすれば伝わる？

●まずクラス全体で「サユキちゃんは頼りになる存在」と共有します。授業で指名する際には「サユキさん，ちょっと待ってて！後で聞くから」と伝え他の子を指します。

●ネガティブな兆しが見えたら，クラスの子が友だちの良いところを見つけた例を取り上げ大いに褒めます（カンがいいから，こっちのほうが望ましいのか，とふるまいを切り替えるはず）。

●ときには，「あなたならできるよね」と難しい仕事を頼んで，その力を信頼していることを伝えます。

川上先生の回答

●何よりも普段の関わりが大切です。しっかり者で，クラスの頼もしいリーダー格的な要素を兼ね備えています。周囲をよく見て行動する，気の利く側面ももちあわせています。

●目を合わせる場面を増やし，「いつもありがとう」「今日もよろしくね」と感謝と敬意の気持ちを伝えるようにします。

●サユキさんのような子を「どうせ頑張っても見てもらえていない」とくすぶった気持ちにさせてしまうのはもったいないです。

ヒロさん

- ●普段からおとなしめで
- ●本人からの発信が少ない
- ●静かに困っているため見過ごされやすい
- ●固まる，動けなくなるなどのパニックに陥っている可能性も
  ある

おとなしめで，本人からの発信が少ないため気づかれにくい

　ヒロさん，普段からおとなしめで，自分から意見や考えを発信することが少ない子どもです。授業中の挙手もあまりないため，内容が理解できているのか，それとも難しいのかがなかなか把握できません。

　ヒロさんのようなタイプの子どもは，日常的に大きな問題場面が見られるわけではないため，教師側も見過ごしてしまうことが多いのではないでしょうか。あるいは気づかれないまま，本人の課題が先送りされてしまうということもあります。

周囲に助けを求められないことが課題

　グループ活動などでも発言は少ないほうです。クラスメイトからの提案や意見を押し切られてしまうような場面も頻繁に見られます。

　このように，周囲からはあまり気づかれないまま，静かに困っている場面が多い場合，本人もどうしてよいかがよくわかっていないことがあります。そのため，困ったときに固まったり，動けなくなったりするというパニックに陥る可能性があります。

　ヒロさんにとっての課題は，誰かにヘルプを出す「援助要求スキル」の獲得と発揮です。問題状況を抱え込むのではなく，「手伝ってほしい」「教えてほしい」「一緒にお願いします」と言える関係性を築き，困難な状況を乗り越える経験を共有することが大切です。

どうすれば伝わる？

マミ先生の回答

●私は普段から，学級全体に「先生は皆の幸せを守るためにいるから困ったことは言うんだよ！」と強く伝えています。こうして本人の援助欲求の垣根を低くし，また，本人ができないときに，友だちが彼の困り感を代弁することを期待します。

●保護者にも「少しでもなにかあれば相談を」とお願いして，家庭からの情報も得るようにします。

●そうしてキャッチしたヒロさんの悩みに精いっぱい応えることで，「困ったら先生がなんとかしてくれる」というイメージを沁みこませ，頼りにしてもらえることを期待します。

川上先生の回答

●行動や対人関係で目立つ子に比べると，どうしても目が行き届かなくなることが多いです。

●日常的に気にかけておきたい子どもの一人です。おとなしくて控えめな部分は「美徳」なのかもしれませんが，困っている状態のままでとどまってしまいがちな部分については，一緒に考えていく必要があります。

●援助を求めるスキルを発揮できないときは，大人からヒロさんに「少しお願いしてもいいかな」とか「ヒロさん，手伝ってほしいんだけど」と援助を求めるのも良いと思います。

理解がゆっくり
ユウダイさん

● 全般的に理解がゆっくりなスローラーナー

● 指示の聞き漏らしや聞き間違いが多い

● 作文や話し合い活動が苦手

● 言われた通りには行動できるが，自分で考えて行動すること
　が難しい

クラスに必ずいるスローラーナー

　ユウダイさんは，大らかでゆったりしたところがあります。全般的に理解がゆっくりであるため，当該学年の学習内容は難しく，多くのサポートが必要です。たとえば，全体指示については聞き漏らしや聞き間違いが度々あります。言葉だけの指示や長い説明では理解が不十分な状態が続くため，個別に説明し直したり，周囲の友達が手伝ったりすることが多くなります。「考えて行動しなさい」という指示も難しいところがあり，直接的に言われたほうが理解しやすいところがあります。作文や話し合い活動の場面でも苦手さが出ます。

「〇年生なのだから」という学年主義にとらわれないようにする

　ユウダイさんにとっては，毎日の学校生活がチャレンジの連続です。本当はもっとゆっくりと考えたいのに，時間に追われ，理解が断片的で不十分なまま学習が進められてしまいます。そのため，スローラーナーという実態を踏まえた関わりが求められます。性格や努力の問題と捉えないようにしましょう。特に「〇年生ならできて当たり前」といった学年主義には要注意です。

もう〇年生なんだから

どうすれば伝わる？

●自分とユウダイさんに圧倒的な語彙の差があることを自覚し，彼にわかる言葉だけを使うことが絶対です。とはいえ全体説明がまどろっこしくなると理解の早い子が退屈なので，後で個別にササッと易しく言い直し，課題も軽減して伝えます。どんな言葉で伝えればいいか，どの程度やらせればいいかは，日々の授業の中で試行錯誤しながら把握します。やることさえわかれば，ユウダイさんもやる気満々で学びに向かえます。

●また，勉強ができることは，優しさ，創造性などの多様な価値のひとつに過ぎず，みんなの存在そのものが喜び，とクラスで共有しておけば，困ったときはお互い様という雰囲気で，子どもたちも，自然に彼を助けます。

マミ先生の回答

●同じ地域，同じ学年の子どもたちを集めているからといっても，その学び方は一律一斉には進みません。特に，ユウダイさんのような理解がゆっくりなスローラーナーの子どもたちの存在は重要です。なぜなら，授業のどこでつまずきやすいかを示してくれる存在だからです。

●授業の中でも「1人では無理だ」という場面がしばしば見られます。その場面は，クラスの他の子どもたちも一度立ち止まりたい場面です。そんなときは「ここまでで，みんな助けて一って言いたい人はいますか」などの投げかけで，気持ちを楽にさせてあげたいですね。

川上先生の回答

プロフィール

● ゲームなど興味があること以外はルーズ

● 楽しいことやふざけた雰囲気に流されやすい

● 忘れ物が多い

● 宿題を忘れたり，提出物をため込んだりすることが頻繁に見られ，そのたびに言い訳をする

「子どもはみんな意欲的」とは限らない

コウキさんは，面倒なことがキライです。ゲームなど興味があること以外は基本的にルーズで，学習面も生活面も大ざっぱなところがあります。やらされることに対しては特に面倒くさがります。忘れ物も多く，宿題をやらないこともしばしばです。大人が「そのままでは将来困るよ」と口を酸っぱくして伝えても，なかなか気持ちは高まりません。提出物をためこんでいても，それほど気にした様子もなく，無頓着な様子が見られます。注意されるたびに言い訳をし，それでもなかなか行動は直りません。

授業では楽しそうな雰囲気に流されやすく，ふざけてしまうことも

授業中も，それほど積極的な場面は見られません。活動場面では「クラスの誰かがやってくれればいい」という他人事のようなところがあります。その一方で，楽しそうな雰囲気にはよく流されてしまいます。「誰かがやるなら自分も」という部分が出てしまい，友達と一緒になってふざけたり，別の子どもをからかったりしてしまいます。注意すると「なんで，俺だけ？」とか「アイツのほうが先に騒いでいたのにズルい」と口答えもします。

どうすれば伝わる？

マミ先生の回答

●学校は自分と人を幸せにするための場所。学習でその力を蓄え，当番はクラスの生活を支える営み。丁寧にそのことを伝えた上で，「さあ，きみはこれからどう生きる？」とコウキさんに迫ります。ただし，どちらを選ぶかを100％本人に任せて聞くのがポイント。そして，行動を大目に見つつも，小さな変化をクラス全体で大いに褒め称えます。

●叱るときは，必ず関係者全員に「他の人はいいから自分が少しでも悪いと思ったら手を挙げて」と聞きます。すると素直な子がすぐ手を挙げて反省するので，コウキさんもそれを真似せざるを得なくなります（笑）。

川上先生の回答

●コウキさんのような子どもを「やる気にさせる」のは至難の業です。なぜなら，人の意欲に扉があるとすれば，それは内側からしか開かないからです。少し期待値を下げ，小さなことからコツコツと認めていく関わりが大切になります。

●具体的には，時間をかけて「待つ」ことや，少々の適当さには「目をつぶる」ことがおススメです。その他にも，好きなことと関連づけたり，興味・関心がもてる部分から学習意欲を引き出したりといった工夫が必要です。

アリスさん

- 低学年のころから学校生活に馴染めない
- 教室の手前までは母親と一緒に来られるが，教室にはなかなか入ろうとしない
- 「先生が怖かった」という過去の経験があり，「クラスの雰囲気が怖い」という気持ちももっている

学校は，無理して通うしんどい場

　アリスさんにとって，学校は無理して通うしんどい場になっているようです。彼女の登校しぶりは，入学後間もなくして始まりました。「先生が怖い」と言い始めたのです。信頼関係づくりがまだ不十分な段階で，当時の担任が少し強めに叱ったことがきっかけでした。それ以来，母親の付き添いがなければ学校に来られなくなってしまったのです。そのことを担任は「甘えている」と捉え，母親と無理に引き離そうとしたり，家まで迎えに行って登校を促したりしました。結果的に，登校への不安は一層強いものになってしまいました。

登校することを前提にしない，でも個人の問題にしてもいけない

　不登校は，個人的因子だけではなく，環境因子によっても引き起こされます。「先生が怖かった」という経験に加えて，その先生の指導に馴染んでいるクラスの友達に対しても「このクラスの雰囲気が怖い」という気持ちが沸き起こりました。ただ登校を促すだけでは難しそうです。アリスさんにとって，無理のない安心できるクラスにしていくためにはどのような工夫が必要になるでしょうか。

どうすれば伝わる？

マミ先生の回答

●不登校もいろいろなので，ここでは，あくまでもアリスさんのケースについて考えます。私が担任だったら，まず最初に，保護者の方には誤った対応してしまったことを，アリスさんには怖がらせてしまったことを，謝罪します。その後は，母子登校や放課後登校をしてもらって，少しずつラポールを築き直したいです。同時に，クラスの優しく楽しい雰囲気づくりにも励みます。

●ただ，基本的に，私は，不登校は本来解決すべき問題じゃないと思っていて。解決すべきは，子どもがダメージを受けていること。その解決策は学校復帰だけではなく，人によって千差万別だと思います。

川上先生の回答

●学校が，子どもに「こうあるべき」を常に突き付けているようなところはありませんか？教師の指導，教室の掲示物などを見つめ直してみましょう。教室が「他人に時間を管理される場」であると感じさせてしまうと，逃げ場のないストレス満載の空間になってしまいます。

●アリスさんが安心できるグッズの持ち込みを許可したり，本人の意向を尊重していつまで参加するかを決めてもらったりすることを繰り返しながら，温かく心地よい空気感を作り出すようにします。それでも解決は難しいかもしれませんが，諦めずにクラス環境の改善を心がけることが大切です。

衝動性が高めの
ヤスヒロさん

プロフィール

- 自分のやりたいことがあると待つことが難しい
- ちょっとしたことですぐに相手を叩いてしまう
- 言葉よりも先に衝動的に物を取ってしまう
- 他の子どもの姿が目に入ったり，教室の外の音などが気になったりするため集中が続きにくい

人を押したり，叩いたりして喧嘩になることが多い

　けんかや対人的なトラブルにはいくつかの背景要因があります。ヤスヒロさんの場合は，発達障害の一つである ADHD の診断があります。ADHD には多動性・衝動性・不注意の３つの特徴があります。ヤスヒロさんは，待つことが難しく，言葉よりも先に手が出てしまうところがあるため，多動性・衝動性が強いタイプのようです。また，授業への集中が続きにくく，別のことに目移りしてしまうところは不注意も関係していると言えそうです。不注意の特徴があると，ルールややり方をその場では理解できていても忘れてしまうなどの様子が見られることも少なくありません。

否定的な言葉ではなく，肯定的な説明や言葉を心がける

　トラブルが多いと叱責されることが多くなります。危険な場面で行動を止めるのは大切ですが，いつも叱られっぱなしでは本人の自己評価も下がり続けます。行動の修正のためには，肯定的な言葉かけが欠かせません。「○○しちゃダメと言ったはず」ではなく「次は○○するといい」と声かけしたり，望ましいふるまいを見過ごさずに「ありがとう」と伝えたりすることが大切です。

どうすれば伝わる？

●クラスの子どもたちの理解がなければ，ヤスヒロさんを包括してクラスを運営していくことはできません。保護者の方の意向もありますが，【スキル15】で述べたように「ヤスヒロさんはみんなより我慢するのが苦手だけれど，練習中だから，みんなも応援してほしい」という説明をし，実際に私を含めたみんなで応援します。

●指導する際は，行動をたしなめるより，「〜が今ふさわしい行動だけれど，あなたは〜できますか？」と聞くほうがいいです。ヤスヒロさんはプライドが高いので「できます」と答えて頑張るしかなくなります（笑）。

●先生のどんな指導より，子どもたちの赦しにあふれた対応のほうが，何倍も効果的です。

マミ先生の回答

●多動や衝動が強い子どもへの「三大禁じ手」があります。①事情を踏まえない頭ごなしの叱責，②感情的な指導，③監視と押さえつけです。「今日は悪いことしていないよね」という疑いの目を向けることも，素直さをどんどん失わせていきます。

●大切なのは，まず，本人の「なかなか行動を変えられない」という事情を理解すること。そして，「変わろうとしている部分」に目を向け，自信をもってもらうことです。自分が目指したいことが見つかると，衝動性が落ち着いてくることが多いので，一緒に考えてあげられるような関係性を築けると良いと思います。

川上先生の回答

キャラ 07 読み書きがにがてな ハルトさん

プロフィール

● 話し言葉は流暢で，全く問題がない

● 読みや書きに強い苦手意識があり，繰り返し学習してもなかなか上達しない

● うまくできないことを隠そうとする場面や，学習に取り組むことを嫌がることが増えてきた

読みや書きのつまずきには理由がある

文字を読んだり書いたりすることや算数の学習などに大きな困難がある状態は，もしかしたらSLD（限局性学習症）によるものかもしれません。これまでは，LD（学習障害）という障害名でしたが，診断基準の改訂によりSLDとなりました。まだ一般には馴染みが薄いため，「LD／SLD」と併記されることもあります。ハルトさんの場合は，比較的早い段階で医学的な診断がついたケースです。幼児期から文字に関心を示すことがほとんどなく，小学校に入学してからも音読の際に一文字ずつ拾いながら読むような逐字読みが目立っていました。

周囲の誤解や無理解によって，二次的な障害に至ることも

SLDの原因は，今のところ生まれつきの脳の働き方によるものと考えられています。学習面のつまずきの出方は様々で，時間をかければ何とか理解できる子もいれば，困難度が非常に大きい子もいます。ハルトさんのように，お話することは得意な場合は，努力不足を指摘されることが少なくないようです。これらの誤解や無理解は，自尊感情の低下などの二次的障害を引き起こします。

ほかの子はできてるのにどうしてできないの？

やればできるはずやろうとしないからできないんでしょ？

どうすれば伝わる？

●大前提として，簡単でいいので，自分の頭の中に SLD の定義を入れておくこと，クラスの子にそのような兆候があったらば，その視点で子どもを見て，ふさわしい対応をすることだと思います。具体的な定義や対応法は，通勤の隙間時間にスマホで検索するだけでも見つかります。

●クラスの中で代筆・代読・モバイル端末活用等の支援をするだけでなく，保護者と懸念を共有し，管理職やコーディネーターと連携し，早期に専門機関とつながって，通級制度，個別支援等，自治体のリソースも活用してあげたいです。

マミ先生の回答

● SLD への理解はまだ進んでいるとは言い難いのが現状です。「怠けている」とか「やればできるのにやろうとしない」といった誤解や無理解で，一層苦しめている場合も少なくありません。

●ハルトさんには，繰り返し書くなどの学習方法は向いていないようです。タブレットの音声入力アプリを使って表現することの楽しさを伝えたり，デジタル教科書の読み上げ機能を使って認知特性に合った学習スタイルを確立したりすることを目指しましょう。

川上先生の回答

ヨシヒトさん

● 大きな集団になかなか入れない

● 場所や物に対するこだわりが強く出ることが多く融通がきかないところがある

● 見通しのもてない活動や急な予定変更が苦手

● 場面の変化に敏感なところがあり，疲れやすい

性格や心理的側面で片付けずに，障害特性から理解する

　ヨシヒトさんは，小さな頃から人となかなか目が合わず，言葉が遅かったことなどから療育に取り組んできた子どもです。幼児期に ASD（自閉スペクトラム症）と診断されたそうです。社会性やコミュニケーション面での課題があるため，通常の学級に在籍して通級指導教室にも通っています。電車や昆虫などに強くこだわり，それらの知識が豊富です。その一方で，予期せぬ事態へのパニックがみられ，見通しのもてない活動が苦手です。ASD といっても，一言では語れないくらい症状の出方はさまざまです。ヨシヒトさんの場合は，集団参加が苦手なことから「孤立型」と考えてよいでしょう。

感覚過敏をともなうことが多いため，本人が納得できる参加方法を

　集団に合わせることが苦手なのは，刺激に対する感受性が強い状態＝「感覚過敏」が原因かもしれません。集団に入ると，音や人の動きなどの刺激を受けとめ切れなくなります。その場にいることに拒否や抵抗の姿勢を示さずにはいられないくらい，情報過多な状況なのです。混乱が強いとパニックになることもあります。自分で場所や参加方法を決められるようになると，少しずつ参加レベルが上がっていきます。

どうすれば伝わる？

●ヨシヒトさんの担任になったら，時間割の変更は極力避けます。後方黒板に時間割を明示し，やむを得ないときは必ず朝のうちに伝え，変更を視覚的に提示します。タイムタイマーも使います。

●なにかを伝える際には，ヨシヒトさん独特の理解の道すじに添って説明すると，スムーズに伝わります。

●パニックになったときは，「〜だから〜したんだね」と声に出して伝え，こちらが彼の困り感を了解していることを知らせ，安心させます。

●イヤーマフ等のツールも必要に応じて採用します。

● ASD の A は「Autism」の略です。日本語では「自閉」と翻訳されているため「閉じこもっている」という印象をもたれることが多いようですが，そうではありません。その語源は，ギリシャ語の「自己（autós）」であり，自己完結的で自律的であることを意味します。

● ASD の特性を踏まえれば，物事を説明したり，活動の流れを示したりする際には，視覚的な情報の提示が効果的です。予定をスケジュールで示す，手順を示して安心をもたらす，どこにいればよいのかをわかりやすく見せて伝えるなどの工夫を日ごろから心がけてみましょう。

キャラ 09 空気を読むのがにがてな

シュンさん

プロフィール
- ●相手との距離感が分からず近すぎてしまう
- ●人と関わる意欲は高いが，一方的な会話になる
- ●相手の気持ちを推測したり，場の空気を読んだりすることが難しい
- ●些細なことで怒ったり，パニックになったりする

異質な関わりであっても驚く必要はない

　シュンさんは，小学校に入ってから ASD（自閉スペクトラム症）と診断されたケースです。人と関わることが大好きで，初対面の人にもすぐに話しかけに行きます。積極的な関わり方ですが，少しやりとりしてみるとかなり一方的で，なかなか会話のキャッチボールが続かないことが分かります。シュンさんには，ASD の「積極奇異型」に相当する特性があり，相手の気持ちを推し測ったり，その場で求められることを上手く読み取ったりすることに苦手さがあります。同世代の子どもと比べると関わり方は異質な印象を受けますが，驚くことはありません。

相手の気持ちや空気を読むことは難しい，ならば「見える化」を

　相手の気持ちは目には見えません。「空気を読む」ことも同じです。空気に文字が書いてあるわけではないため，シュンさんにとっては非常に難しいことと言わざるをえません。そんなときは「コミック会話法」という方法を使ってみましょう。相手の気持ちをふきだしにして書いて示したり，その場に適した会話を例示したりします。こうすることで，見えない情報を視覚的に伝えることができます。

どうすれば伝わる？

マミ先生の回答

●シュンさんと話すとき，私なら「はしょらない」ことを肝に銘じます。「このくらいのことは言わなくてもわかるはず」と考えて普段なら無意識に省略することも，丁寧に丁寧に説明します。例えば，「…したらダメだよ」と言わずに，「人は…って言われると…って思うものなんだよ。だから，シュンさんが…って言ったとき，○○さんは…と思ってしまったんだよ。だから，…しないほうがいいんだよ」という具合。ここまで言えば，シュンさんは，ぱあっと理解した顔になって，素直に「○○さんごめんね」と言えます（言えないこともあります笑）。

川上先生の回答

●自閉スペクトラム症と一言で言っても，その個性は多彩です。シュンさんのように，相手の懐にグイッと踏み込んでくるようなタイプの子どももいます。相手との距離感には「ほどよい加減」があるということを丁寧に伝えるようにしてみてください。例えば，「"前へならえ"の距離で」と伝えるとイメージしやすくなります。

●指示や説明の際も遠回しな言い回しは避けて，端的に直接的な表現で伝えたほうが理解しやすいと思います。

プロフィール

- ●動きが全般的にぎこちなく，不器用
- ●着替えが遅い，荷物を無理やり袋に詰め込む
- ●投げる動作や蹴る動作も滑らかな動きが難しい
- ●道具を使う作業，書字，リコーダーの演奏が苦手
- ●なわとびや自転車に乗ることなどが難しい

ぎこちない動きや不器用には理由がある

　リクさんは，運動が苦手でDCD（発達性協調運動症）があります。DCDは，①投げる・蹴るなどの「粗大運動」，②はさみや定規などをつかう「微細運動」，③なわとびや鉄棒の逆上がりなどの「協調運動」などのいずれか，またはすべてにつまずきがある状態のことを言います。リクさんの場合は，すべてに及んでいます。運動面のつまずきと聞くと体育やスポーツの時間に限定されたものと思われがちですが，学校生活では，音楽や図工でも物の操作を伴いますし，算数の作図や文字を書く場面なども細かな動きのコントロールが必要です。さらには，休み時間の友達との遊び，着替えや荷物の整理などの場面でも時間がかかったり，雑な動きが見られたりします。

ボディイメージの形成のつまずき

　ボディイメージは，自分の身体の輪郭やサイズを頭の中で思い描いたり，腕や足の伸ばし加減や曲げ加減を意識したりすることに使われます。力の入れ加減の調整や，相手との距離感の修正などにも使われるため，ボディイメージが弱いことによって「ぶつかった」「やった・やられた」などの対人トラブルもしばしば見られます。

どうすれば伝わる？

マミ先生の回答

●まずは，リクさんのできなさが人としての評価につながらないような，そして苦手なことを助け合うようなクラスの雰囲気を醸成します。

●はさみを扱うときは，「苦手なんだね」と手伝ったり，鍵盤のテストを「おまけ合格」にしてあげたり，体育で，運動が得意で教え上手な子を，専属コーチに任命したり。先生のそんな様子を，子どもたちはモデルにします。

●トラブル予防のためには，ヤスヒロさん同様，距離感をつかむのが苦手というリクさんの特性を，クラスのみんなに理解してもらうことも必要です。

川上先生の回答

●運動面のつまずきは，社会的にはまだ認知されていないため，見過ごされたり，「そのうち良くなる」と先送りされたりすることが多いようです。体育で「変な動き」とからかわれるリスクがあり，集団生活でも「早くして」「もっとちゃんとやって」と指摘されることが多く，「やりたくない」という気持ちが強くなることが想定されます。

●運動に必要なスキルは，それだけを繰り返し反復するよりも，スキルを分解してスモールステップで習得を目指すほうが効果的です。また，ミスやエラーに寛容でチャレンジを応援し合うクラスの雰囲気も大切です。

ホノカさん

- ●歌やダンスが好きで目立ちたがり
- ●文字を書くことはできるが，文章は難しい
- ●話し方は拙く，二語文が中心
- ●友だちの行動を見て真似て動いている
- ●ダウン症がある

発達の全般的な遅れへの対応

　ホノカさんは，染色体異常のひとつ「ダウン症（ダウン症候群）」があります。1965年に WHO により，最初の報告者であるイギリス人のダウン博士の名にちなみ正式名称とされました。いくつかの型がありますが，その多くは21番目の染色体が通常よりも１本多く３本あるため，21トリソミーとも呼ばれます。ダウン症がある場合，その多くには発達全般の遅れが見られ，ゆっくりと発達します。また，ホノカさんのように友達や集団の中で学んで成長するケースでは，周囲からよい影響を受けて育つことを考慮し，低学年のうちは通常の学級で学ぶことを選択されることもあります。

理解力を踏まえた学習のサポートが必須

　ホノカさんは，特別支援学級に在籍しながら，得意の音楽や体育は通常学級の授業に参加するという「交流学習」の制度を活用しています。当該学年の教科の学習はホノカさんには難易度が高く，無理にさせてしまうと学習意欲を低下させてしまうことが心配されたためです。得意な部分を活かしつつ，理解力を踏まえた学習内容を用意することで，ホノカさんにとっての充実した生活が実現できています。

どうすれば伝わる？

マミ先生の回答

●ダウン症の別名は「エンジェルベイビー」というそうです。彼らは平和を愛し，人一倍穏やかな性格を持っているから。ホノカさんもその特性を十二分に発揮し，受け入れる子どもたちから愛されることでしょう。

●ホノカさんは，幼い子どものように途中でやる気をなくして拗ねてしまうこともあります。そんな時はシンプルに叱るのがわかりやすいです。特別扱いは禁物。叱っても，ダンスなど，自分の好きなことが始まれば，すぐに気を取り直して，みんなとともに活動してくれるはずです。

川上先生の回答

●交流学習のスタイルはさまざまで，決まった形はありません。ホノカさんのように友達への意識が高い場合は，全体での活動が豊富な授業が向いていると言えます。彼女の存在は，クラスメイトにもよい影響をもたらすことでしょう。また，知識面のこだわりを生かして参加する授業を決める場合もあります。

●いずれにしても，知的障害がある子どもの教育活動を考える場合は，その子の学びを「お客様」状態にしないことが大切です。学ぶのはその子自身です。実態を踏まえた学びになっているか，達成感や満足感を感じられているかがポイントになります。

ミサトさん

- ●慣れていない環境では不安が強い
- ●家庭など慣れ親しんだ環境では活発な様子
- ●学校ではごく親しい友達とだけやりとりができる
- ●YES－小さくうなずく，NO－首を横に振る
- ●授業では緊張感が表情に表われ，固まってしまう

「話したくても話せない」の背景にある不安

　ミサトさんの症状は「緘黙」です。正式には「選択性緘黙」と言いますが，自らこの状況を選んでいるわけではないため，日本では「場面緘黙」と呼ばれることのほうが多いようです。慣れ親しんだ状況や家族などの安心できる人間関係であれば話すことができますが，学校などの「話すことが期待される状況」になると話せなくなるのが特徴です。ミサトさんのように，特定の友達とのやりとりができるケースは，友達の存在が心の支えになっていますが，その一方で「わざと話そうとしない」という誤解を受けたり，「自分の言葉で説明しないとダメ」と話すことを強要されたりして，余計に心理的に追い込まれてしまうこともあります。

「そのままで大丈夫」という安心感が緊張を和らげる

　緘黙は時間の経過ともに少しずつ緩和される場合があります。過去に緘黙の状態があった人の多くは，「話そうとすると喉元がキューっと締めつけられるような状態になった」と自身の不安感や恐怖に似た状況を回顧しています。「無理する必要はない，そのままでも大丈夫」というニュートラルな関わりで緊張を和らげるようにします。

どうすれば伝わる？

マミ先生の回答

●実際，ミサトさんと同じようなケースに出会ったことがあります。その時は1年間，首の動きだけでコミュニケーションしました。こちらから選択肢を提示して，首が縦に動くまで，次から次へとその場で新しい提案を考え出して伝え続けるのです。そのようなコミュニケーションを繰り返しているうちに，ニコーっと最高の笑顔を見せてくれるようになりました。おうちでは別人と聞きましたが，学校では，学校での姿をそのまま受け入れました。子どもたちも，私と同じような方法で，どんどんコミュニケーションをとっていました。

川上先生の回答

●緘黙という一時的に固まる症状は，不安や恐怖に対する生き物の防衛的な本能です。つまり，生きようとするために「固まる」という行動が起きるのですが，そのことが「本来の自分を出せなくなる」という八方塞がりの苦しさをもたらします。自己否定に追い込まれていくケースも少なくありません。

●答えや反応を無理やり求めるのはNGです。正面から向き合うよりも，同じ目線で同じものを見るようにしましょう。そして，その瞬間の感情を共有していくようにすると良いと思います。

プロフィール

- ●数学や理科の分野に強い関心と深い理解を示す
- ●独創的な発想で，周囲を驚かせることがある
- ●苦手な分野には全く反応を示さず，極端に嫌がる
- ●集団参加が苦手で，協調性に欠けるところがある
- ●周囲からは「わがまま」と誤解されやすい

ギフテッドの子どもの状態像を理解する

　タクミさんは，幼い頃から数や科学的な事象への関心が非常に高く，語彙力の高さを感じさせる子どもでした。記憶も優れており，いつどこで，誰がどのようなことをしたのかを克明に覚えていることもあります。独創的な発想で，高い能力を感じさせる場面もしばしばです。このように，特定の分野または複数の分野に非常に高度な能力を発揮する子どもを「ギフテッド」と呼びます。知能検査に基づいてギフテッドを定義する場合もありますが，独創性や芸術性，リーダーシップなどは検査項目に含まれていないため，検査だけでは判断しにくいところがあります。

「みんなと一緒に」が難しいという側面も

　特定の分野への興味や関心が高く，好きな分野には没頭するくらいの集中力を示す一方で，苦手なことには全く興味を示そうとしません。時に強い拒否や逃避的な行動を示すこともあります。そのため，「みんなと同じようにする」ことを求めがちな通常の学校教育では力を発揮しにくくなります。「わがまま」「協調性に欠ける」と言われてしまうことがあり，学校生活を窮屈に感じてしまう子もいます。

どうすれば伝わる？

マミ先生の回答

●究極的なことを言ってしまえば，現行の学校システムのなかでタクミさんの力を十二分に伸ばすには限界があると思います。だからこそ，文部科学省もギフテッド教育に乗り出したのでしょう。

●私は，タクミさんには，授業中の「内職」を許可したり，ホームスクーリングや積極的不登校を勧めたり，興味のある分野の専門家と繋いだり，などの対応をしてあげたいです。……もし，学校がそのような対応を認めてくれれば。

●また，普段の教室では，その突出した能力をクラスのためにも使ってほしいとお願いするでしょう。

川上先生の回答

●ギフテッドの子どもは，同じ年齢の子どもと見方や考え方が異なっていたり，知識量に圧倒的な差があったりします。学校の授業に退屈感や窮屈さを感じることや，クラスメイトとのやりとりが噛み合わずに周囲から浮いてしまうこともあります。また，高い能力がある一方で協調的でない部分が目立ち，「やればできるのに，やろうとしない」と誤解を受けることもあります。

●集団のルールに無理に合わせようとするのは NG です。強みを伸ばす関わりと，突出した部分をその子の個性として認め合えるクラスの空気感が欠かせません。

ミキトさん

- ●大人に対して人懐っこく，身体接触が多い
- ●「自分のことを見てほしい」という欲求が強い
- ●言葉が乱暴で，少しでも気に入らないことがあると攻撃的になり，無理やり要求を通そうとする
- ●不適切な行動を認めず，誰かのせいにする

愛着形成に課題があるがゆえの行動の不安定さ

　ミキトさんは気分の波が大きな子です。その背景には，愛着障害があるのではないかと言われています。大人に対して，人懐っこく，「オレを見てくれ」というアピールが強く見られます。その一方で，どこまでやったら叱られるかを試すような行動もあり，周囲を振り回します。心のよりどころを求めている不安定さがそれらの行動にも表れています。言葉は乱暴で，「死ね」「消えろ」「クソ」「バカじゃね」「お前いらねぇ」などの暴言もしばしば出ます。特に少しでも気に入らないことがあると，攻撃性が高まり，無理やり自分の要求を押し通そうとします。

「叱られたくない」という気持ちが自己防衛に

　ミキトさんは「叱られたくない」という気持ちが非常に強いです。不適切な行動を認めようとしない（否認），「自分は悪くない」「アイツのせいでこうなった」と言い張る（被害的他責）姿は日常的に見られます。少しでも疑われるようなことがあると，「オレのせいだって言うのかよ」「そうやって俺ばっかり悪者にするんだ」と自己を防衛したり，状況から逃れようとしたりする言葉が反射的に出ます。

どうすれば伝わる？

マミ先生の回答

●ミキトさんに一人で対応するのは難しすぎます。彼の内面を理解し適切な対応をするのは，ベテランの先生でもできる人は少ないでしょう。ましてや経験の浅い先生だと，むしろ振り回されてしまうかもしれません。まずすべきことは，保護者とスクールカウンセラーを繋ぐこと，学年主任，特別支援コーディネーターや管理職の先生に助けを求めることです。

●学級では，彼の暴言をすべて「助けて」と聞き替え，困ったときは余計なことを言わずじっと見つめること，普通に会話ができるときには優しく接すること，を心がけてみてください。

川上先生の回答

●愛着障害の判断の見極めは医師の専権事項です。むやみに決めつけることは控えましょう。しかし一方で，家庭での関わりの難しさがあると，なかなか診断まで辿りつけないため，診断を待たずに早急な対応を求められることもあります。

●頭ごなしに叱るのは，火に油を注ぐためNGです。ミキトさんの「立つ瀬」を考えましょう。その立つ瀬は非常に薄い氷のように脆いため，割れないように必死なのです。逃げ場がないと感じ取ると過度に抵抗します。その気持ちに理解を示し，「心が落ち着かないけれど，無理に取り繕わなくても大丈夫」という関わりを繰り返して，ミキトさんが自信をもって行動できることを支えます。

タカヒトさん

- ●物事を極端に受けとめてしまう
- ●「〜すべき」「〜でないのはおかしい」という一方的な思考に陥りやすい
- ●一度失敗したことに不安を示し、強く拒否する
- ●「自分ばかり嫌な目に遭う」という気持ちが強い

物事の受け止め方が極端でクセが強い状態＝「認知の歪み」

　タカヒトさんは，物事の感じ方や受け止め方，解釈の仕方が極端なところがあります。これを「認知の歪み」と言います。具体的には，①物事を「白か黒か」「0か100か」で極端に判断してしまう，②少しのことでも「完全にこうだ」と言い切ってしまう，③わずかに良くない側面に

こだわってその物事や相手自体を受け付けなくなってしまう，④自分の中の絶対的思考をもとに「〜すべき」と考えたり，相手が「〜すべきこと」をしていない状態を許せなかったりする，⑤相性が悪い相手を「アイツ嫌い」とラベリングしたり，ネガティブな体験があると「最悪！」「最低！」と躊躇なく声に出したりする，などが見られます。

周囲のアドバイスはあまり受け止められない

　「認知の歪み」はすぐに修正できるものではありません。タカヒトさんは，自分自身を客観視することが非常に難しく，周囲との受け止め方の違いや自分自身の思い込みを認識することは困難を極めます。そこで，まずは「そんなふうに感じたんだね」と感じ方や受け止め方にスポットを当てて理解を示しましょう。

どうすれば伝わる？

マミ先生の回答

●私ならタカヒトさんの訴えを全面的に受け入れます。認知の歪みがある子は，自分の訴えが受け入れられないと心にしこりが残ります。だからまずは受け止める。そして，どうしたかったかを充分聞いてあげる。こうして，少しずつ「聞く耳」を育てます。つまり聞いてもらうことを繰り返すことで，タカヒトさんは聞けるようになっていくのです。そして信頼関係を築いた上で，「…する方法もあるけど」と，提案すると「それでもいい」と譲歩できるように変わっていきます。行きつ戻りつですけどね。

川上先生の回答

●認知の歪みに気づき，修正することを「認知再構成」と言います。この認知再構成は，他者から「あなたのそういうところは認知の歪みだ」と言われたり，「修正しなさい」と迫られたりしても上手くいきません。その子なりの受け止め方に理解を示しつつ，行動は別の選択肢もあるのではないかと提案するようにします。

●長期的な視野に立って時間をかけながら，自分とは少し程度が異なる感じ方が存在することや，相手は別の受け止め方をしていることに気づいていけるとよいと思います。なお，認知の歪みは子どもだけでなく，大人にも見られます。教員や保護者の中にも，思い込みや決めつけが激しい人はいます。

ツムギさん

- ●感受性が強く，人一倍繊細なところがある
- ●小さな変化にもよく気づき，その変化が苦手
- ●他者の気分に影響されやすい
- ●豊かな想像力，内面世界を持っている
- ●シングルタスクで多くを受けとめきれない

HSC（Highly Sensitive Child）という考え方

　情報や刺激への感受性は個人差があります。何か起きてもそれほど気にしないタイプもいれば，必要以上に情報や刺激を強く感じ取ってしまうタイプもいます。ツムギさんは後者のタイプで，人一倍繊細なところがあります。臨機応変な対応が苦手で，新しいことに対して慎重な姿勢を見せます。たくさんのことを求められて，混乱してしまうこともよくあります。

　このような特性を「HSC（Highly Sensitive Child)」として整理する考え方もあります。学校生活で感じ取る刺激の多さに疲れてしまう子どももいますし，中には学校に来られない場合もあります。

黒板 見ながら
日直について
話しているだけ

○○さんたちが
こっち見て
何か言ってる

わたし
何かしたかしら？

ドキドキ

ビクビク

内面世界への理解が大切

　大切なのは，「この子にはこの子の世界がある」と本人の感じ方を信じることです。感受性の強さを理解した上で，普段から穏やかな口調・表情を心がけましょう。「大げさなのでは」「うそを言っている」という捉え方は NG です。大人の「関わるのが面倒」といった気持ちも，察知して感じ取ります。また，「単なる気持ちの問題」とか「そのうちよくなる」という根拠のない決めつけも好ましくありません。

どうすれば伝わる？

マミ先生の回答

●今はすっかり図太くなってしまったマミ先生も，確実にHSCだった自覚があります。「自分は他の人とは感じ方が違う」と絶えず感じていて，実は今も，終わらない孤独を抱えて生きています。あの頃の私が唯一求めていたのは，自分がガラスの心を抱えてビクビク生きていることを，温かく見守ってもらえることのような気がします。共感までしなくてもいいから，理解だけしていてくれれば，それで十分なのです。きっとツムギさんも同じ気持ちじゃないかな。

川上先生の回答

●慎重さや不安がHSCに由来するものかもしれないという洞察を大切にしましょう。情報過多で疲れやすく，学校生活がしんどいと感じているのではと理解するだけでも，対応は自然と丁寧になります。警戒心が強いときは，無理強いせずに時間をかけ，本人が納得しながら物事を進めていけるようにします。人前での発表では，部分的な参加を認めたり，失敗しないやり方（例えば，メモを見ながらの報告や，自席からの発表など）の提案などを行ったりすることも有効です。
●保護者がHSP（Highly Sensitive Person）の特性をもち合わせている場合もあります。丁寧なコミュニケーションを心がけるようにします。

- ●力加減が難しく，動作が無造作になりがち
- ●狭い所を無理に通ろうとして，トラブルになる
- ●人にぶつかっても平気な顔をしている
- ●爪や鉛筆をよく噛む，靴のかかとを踏んでいる
- ●傘などを振り回して，危ないことに気づけない

ガサツ（言葉や行動の荒っぽさ）の背景に「感覚鈍麻」あり

　細かいところまで気が回らず，言葉や動作が荒っぽくて落ち着きのない様子を「ガサツ」と表現することがあります。ソラさんはそんな様子が目立つ子です。物を相手に投げるように手渡したり，関わりが強くて乱暴に見られたりします。友達との「やった，やられた」というトラブル

ルも多く，自分のふるまいには鈍感で気づけていないようです。これらのエピソードの背景には感覚面のつまずきが深くかかわっており，「感覚鈍麻（どんま）」が当てはまるのではないかと考えられます。

内面世界への理解が大切

　感覚鈍麻は，感じ方の個性の一つで「刺激に対する反応性が低くて鈍い」という状況を意味します。性格や子育ての問題ではなく，感覚処理につまずきがあり，細かな情報を感じ取れていないのです。そのことに自分でも気づけていないことが多く，普段から爪を噛んだり，靴のかかとを踏んだりするような刺激を求める「感覚探求」の行動が見られやすいのも感覚鈍麻によるものと考えられます。授業では，人の話を集中して聞けない様子が見られることもあります。

どうすれば伝わる？

マミ先生の回答

●ヤスヒロさん，リクさん同様，ソラさんの特性についても，感覚鈍麻という言葉は使わずにクラスで共有します。自分とは違う感覚の子もいるのだという認識があれば，クラスのみんなも，ソラさんの様子を了解することができ，トラブルを予防できます。

●ソラさんに対しては，ガサツなふるまいがあったらその都度，実際に体を使って繰り返し練習し，適切な強さや動きを覚えてもらいます。

川上先生の回答

●感覚処理のつまずきは，周囲からはなかなか見えづらいものです。特に，体の動かし方についての情報は，筋肉の張り具合や関節の角度を感じ取る「固有感覚」という感覚が働いているのですが，この「固有感覚」の存在自体がほとんど知られていません。そのために「悪気があって，わざと」やっているように誤解されることもしばしばあります。

●謝罪や反省を求めるだけの指導で終わってしまうことも少なくありません。行動は「相手が受け取るまで待つ」「音を出さないように置く」など具体的に伝えるようにします。そして「できて当たり前」ではなく，適切な力加減の場面を見過ごさずにプラスの評価を伝えます。

プロフィール
● 寡黙で口数は少ない
● 非言語の視覚的な情報をもとに物事を把握する
● 手順を覚えるのが早く，作業が丁寧
● 聞いた情報を整理する力に弱さがある
● 自分の思いや気持ちを言葉で表現することが苦手

言葉は少なく，作業に特化した職人肌なタイプ

　マナミさんは，あまり多くは語らないけれども，手先が器用でかなり細かな造作活動に熱心に取り組む子です。非言語の情報をもとに推測したり，似たような作業に応用したりすることができる力があります。その一方で，話し言葉のみによる指示や説明の理解が不十分で，大切なところを聞き漏らしてしまったり，混乱して固まってしまったりすることがあります。また，自分の思いや気持ちを表現することが苦手で，相手から押し切られてしまうと，自分の本意ではないことまで受け入れてしまうところがあります。このような特性を「視覚処理優位」あるいは「視覚・運動系優位」と表現することがあります。

見て学ぶ力を生かす

　子どもによって学び方はさまざまです。マナミさんのように「視覚情報」の理解や処理を生かすタイプの場合は，授業の一斉指示や説明で出遅れたり，理解に時間がかかったりすることがあります。指示や説明は短く簡潔にし，繰り返すことが必要です。また，図・絵・写真を活用しながら説明を加えるようにします。

どうすれば伝わる？

マミ先生の回答

●マナミさんほど強い特徴ではなくても，明らかにこの子は視覚優位の認知をしているな，と感じることはありますよね。私自身も，子どもの頃，先生の口頭だけの指示が不安で不安で仕方なくて，必ず板書してほしいといつも思っていたのを覚えています。その経験から，教師としては，なるべく口頭での指示と板書，図化などをセットで提示するようにしています。

●自分の気持ちを表現するのが苦手というのもわかります。あの頃，先生や周りの友だちに，気持ちを汲み取ってもらえたら嬉しかっただろうな。

川上先生の回答

●見て学ぶ力を生かすには，ビジュアルなものを活用する「視覚化」がポイントになります。特に，指示や説明の際に情報が正しく伝わるためには，文字で書いたり，絵や写真で示したりすることが理解の支えになります。

●「視覚処理優位型」の子どもたちは言語表現が少なく，話し合い活動や作文の苦手さなどが表われることが多いため，一見すると学習能力が低いと誤解されがちなところもあります。「人は多種多様なルートで学んでおり，情報処理の方略のスタイルも人によって異なる」という理解が大切です。

プロフィール
- ●言語理解力が高く，語彙も豊富
- ●多弁で饒舌（じょうぜつ）なところがある
- ●作業全般が不器用で，身体を動かすことが苦手
- ●自信がないことについては，言葉で予防線を張りごまかそうとする場面が目立つ

言語情報を使って考えたり，推し測ったりする力の高さ

ケンタさんは，指示や説明を理解する力が高く，自分の思っていることを言葉で表現することも得意なタイプです。話し合い活動でもグループをリードしてくれる頼もしさがあります。その一方で，経験を踏まえずに分かった風に言葉を使っていた

り，話し過ぎて別の用件がなかなか手につかなかったりするところがあります。また，作業全般については苦手意識があり，自信がない活動に対して「そんなの簡単」「もうやったことあるから」と言葉で予防線を張って，失敗を避けようとする場面もよく見られます。このような特性を「聴覚処理優位」あるいは「聴覚・言語系優位」と表現します。

聞いて話すことによって思考を整理している

ケンタさんの持ち味が発揮されるのは，「聞いて話す」場面。対話を通して思考を整理していく学習スタイルをもっていると言えます。一方，書字や細かな作業などに雑な部分が強く出ます。観察対象をイラスト化する観察記録は，かなり乱雑な仕上がりに。漢字の習得は，言葉で特徴をとらえる方法が向いています。文字を繰り返し書いて覚えるのは苦痛になるようです。

どうすれば伝わる？

マミ先生の回答

●いわゆる "口が立つ" 子はこの特性を持つのでしょうね。それから，口頭での指示だけでしっかりと指示を把握できる子も。

●観察記録等のワークシートや，音楽の鑑賞カード，道徳の振り返りなどは，個別に口頭でのコミュニケーションをして，その中からこちらが抽出して書くことをアドバイスしてあげるといいかもしれません。

●一斉指示では「見る」と「聞く」を同時にすることで，ケンタさんにもマナミさんにも伝わりますね。

川上先生の回答

●人は，物事についての情報を「入力→処理→出力」しながら，外界（人や物）に働きかけています。そのプロセスを大別すると，見て学ぶ「視覚・運動系回路」，聞いて話す「聴覚・言語系回路」，動きから体得する「身体感覚系回路」等に分けられます。ケンタさんは，聴覚情報の処理と言語での表出が優位なタイプです。

●「優位」とは，「優先的に使われる」という意味合いです。必ずしも「優れている」とか「得意」というわけではなく，苦手なことを回避するために言葉巧みに自己防衛するといったときにも使われます。初めての活動に対して警戒心が強いときは，事前にコツやポイントを伝え，不安を軽減するようにします。

外国にルーツのある
クマールさん

プロフィール	● 両親ともに外国出身という「外国ルーツ」の子
	● 母国語と片言の英語で話す
	● 日本語教室で日本語を学んでいる
	● 性格は明るく，クラスにもなじんでいる
	● 掃除や給食などの文化の違いも吸収している

学校生活は困惑の連続，理解は断片的

　クマールさんの名前の由来はネパール語の「無垢(むく)」です。両親がネパール出身で，家族での会話は母国語が中心。その名の通り，明るく闊達(かったつ)な性格で，クラスの友達との関わりは良好です。両親またはいずれかが外国出身者という，いわゆる「外国ルーツ」の子どもは増えていると言われます。特に，コミュニケーションや文化の壁によって困惑は日常的に生まれますし，学習面でも理解は断片的になりがちです。クマールさんは日本語教室でも学んでいますが，授業内容の理解には多くの配慮を必要としています。支援のための専門的な人材はおらず，担任が試行錯誤しながら関わっています。

保護者とのコミュニケーションでも配慮が求められる

　クマールさんのご両親は共働きで忙しく，学校からお願いしたいことなどがなかなか伝わりません。また，書類のやりとりも難しさがあり，手続きなどは両親の職場の同僚がサポートしてくれたり，クマールさん自身が両親に補足説明をしたりすることがあるそうです。外国ルーツといっても対応はケースバイケースが求められますが，担任の裁量に委ねられていることも多いのが現状です。

なんて かいてあるのか
ワカリマセン！

それは ですね
えーと…

どうすれば伝わる？

マミ先生の回答

●学年だよりなど，大事なお手紙にはひらがなルビを振ったり英訳を添えたりします。働き方改革に逆行するけど他にやる人がいないから。

●言葉の壁だけでなく，ものの考え方や行動様式の違いについても理解することが不可欠と感じます。教師が自分に日本人的考え方が沁みついていることに無自覚のまま，外国にルーツのある子の行動を理解すると，大きな齟齬が生まれる可能性が大きいです。

●日本語教室のほかにも，国際交流協会や教育ボランティアなど，自治体にあるリソースを調べ尽くして総動員することも，忘れないでください。

川上先生の回答

●文部科学省では「かすたねっと（https://casta-net.mext.go.jp）」というHPを開設しています。指導・学習に利用できる多言語対応の教材や，保護者へのお知らせに利用できる多言語対応の文書，多言語で作成できる予定表などが利用できるので，積極的な活用を考えます。

●外国ルーツの子どもの存在は，多様な文化における共通点や差異をお互いに理解し合うきっかけになります。しかしそれ以前に，「外国ルーツ」であることを理由に何かを考えるのではなく，本来，教室という場は，在籍する一人ひとりの事情を踏まえてあり方を柔軟に変えていけるような場にしていかなければならないと思っています。

リュウキさん

プロフィール

●幼児期から親のギャンブルや酒宴に付き合わされ，子どもらしい遊びを経験したことがない

●家に良質な本がなく，家族の文化的な会話もない

●親からほとんど褒められた経験がなく，学校に通うこともあまり重視されていない

文化的土壌が乏しい家庭に育つ子ども

リュウキさんは，学校を休みがちな子です。本人が学校に行き渋っているわけではなく，どうやら保護者が学校に通うことに対してそれほど重きを置いていないということがわかりました。

リュウキさんの家庭は，派遣業で働く母親が家計を担っています。父親は専業主夫ですが，定職にはついておらず，いわゆる「ヒモ」のような状態です。

リュウキさんは，幼児期から父親の行動（ギャンブルなど）に付き合わされることが多く，公園遊びなどの子どもらしい遊びもあまり経験したことがありません。家には，良質な絵本や家族間の文化的な会話がほとんどなく，文化的土壌が乏しい状況です。

学校生活や子どもの成長が重視されない状況

リュウキさんのように，文化的土壌が乏しい家庭で育つ子どもの場合，学校で頑張っていることを保護者に伝えても，家庭で褒められる経験にはなかなか結びつかないようです。

また，子どもの発達や成長にほとんど関心が示されず，学習や言葉などの発達面の課題が先送りされることもしばしば見られます。保護者自身の経験から教師不信・学校不信である場合も想定する必要があります。

どうすれば伝わる？

マミ先生の回答

●家庭でのフォローがないリュウキさんにとっては，学ぶ愉しみを得る場所は学校しかないので，揃わない学習用具は私が用意してでも，とにかく彼にそれを思う存分味わわせたい，と思います。

●リュウキさんの家庭環境が，子ども家庭センターや児童相談所に通告して家族を支援してもらうべき状況なのか，あるいは実はそれなりに家族仲良くやっていて，心配がない状況なのか，そこは保護者と深くコミュニケーションしなければわからないことです。本来は，児童民生委員など，地域リソースにも活躍してほしいところです。

川上先生の回答

●まず，リュウキさんに対しては学校生活の充実を一番に考えます。できることが増える，分かったという体験をする，友達と学び合えることは楽しいと実感する …。これらの経験の蓄積が，リュウキさんの心理面の発達の土台になると信じて関わり続けることが大切です。

●次に，保護者との関係づくりです。「その子育ては間違っている」と突き付けても，何の解決にもつながらないばかりか，かえって問題をこじれさせてしまうこともあります。保護者も「このままでよいとは思わない，でもなかなか変われない」という気持ちであることが多いです。思いを受け止め，保護者ができることを一緒に考えるようにします。

自分の性別に悩みのある

ユヅキさん

プロフィール

- スポーツや武道が好きで，本音で話す女の子
- 身体的な性別は「女子」だが，そんな自分に対して違和感や嫌悪感を抱いている
- ネット検索で情報を得て，もしかしたら自認する性別は「男子」なのではないかと感じ始めている

生まれた時の性と自認する性が一致しないことに伴う悩み

　ユヅキさんは，自分の性についての悩みを自覚し始めています。生まれた時の性別（身体的性）は女性ですが，自身の内面的な性別（自認性）は男性なのではないかと感じ始めています。現時点では明確な判断はできていませんが，今後，年齢が上がると「トランスジェンダー男性」としての自分をはっきりと意識することになるかもしれません。トランスジェンダーは「性自認と身体的性が一致していない状態」を表す言葉ですが，その中にもさまざまな状態の方がいます。性自認が男性とも言い切れない，いわゆる中性や無性，男性でも女性でもあるなどの X ジェンダーの方も含まれます（この定義も時代の移り変わりとともに変化していくことがあります）。

「女の子らしさ」などの性役割への違和感も

　ご両親はユヅキさんに「女の子らしさ」を大切にしてほしいと願っていました。パステルカラーの可愛らしい服装や，おしとやかさをユヅキさんに強く求められてきました。ところがユヅキさんにはこれが強いストレスだったのです。また，クラスメイトから「女のくせに」と言われることにも強い反発を示してきました。強い違和感を持ちつつも誰にも相談できないジレンマを抱えています。

L-Lesbian	女性同性愛者
G-Gay	男性同性愛者
B-Bisexual	両性愛者
T-Trangender	性自認が出生時に割り当てられた性別と異なる人
Q-Questioning (Queer)	自身の性自認や性的指向が定まっていない，もしくは意図的に定めていない

多様な自認性があることを理解する

どうすれば伝わる？

マミ先生の回答

● LGBTQ は統計的にはクラスに 1 〜 2 人いるといわれています。だから，気づかなくても必ずユヅキさんみたいな子がいると想定し，教師がそう思っていることが伝わるようにします。

●具体的には，普段から教室の日常会話に「男の人を好きになる男の人もいるよ」「心は男で体は女の人もいるよ」などと挟み込みます。

●ゲイをカミングアウトした先生にも授業をしてもらいました（小学生に LGBTQ を教えたら予想外の展開が！ https://www.manabinoba.com/tsurezure/018579.html）。

●細心の注意をはらうべきはアウティングの問題です。様々な配慮は，ユヅキさんの意思に基づいて，慎重に進めなければなりません。

川上先生の回答

● LGBTQ についての議論はここから先も尽きることはありません。さらに言えば，今後も定義が変更されたり，新たなワーディングがなされたりすることでしょう。それだけ性のあり方は多様性があり，グラデーションの様相を示していることを理解する必要があります。

●ユヅキさんの場合も，着替えやトイレについてどう考えていくかといった身近な課題から，本人のアイデンティティにまつわることまで，いくつものステップを経ていくことが想定されます。大切なのは「どんなときでも，あなたはあなた」「何かを決めるのは自分，でも決めないこともできる」という姿勢で常にそばにいることです。

ヤングケアラーの
ノリカさん

プロフィール

●学校生活上は，特に大きな問題は感じさせない

●祖母，母，本人の3人家族で，子育ては主に祖母の役割だったが急病で倒れてしまった

●母は育児をはじめとする生活能力が全般的に弱いため，ノリカさん自身が家事全般を行っている

家庭状況の変化によって，子どもの役割も変わる

ノリカさんは「お祖母ちゃん子」です。日常的な子育ては祖母が行っており，個人面談や授業参観も祖母が参加していました。ところが，突然の病に倒れてしまい，家庭の状況が一変しました。母は，もともと生活の多くにわたってサポートが必要な状況でしたが，祖母が倒れたことをきっかけにして精神的な落ち込みが強くなってしまいました。家の中は乱雑に散らかり，食事の支度も難しいほどです。ノリカさんが慣れない家事全般と母親への関わりを担うしかなく，学校も遅刻しがちになってしまいました。ノリカさんはこうした家族の状況を誰にも伝えられていません。

ヤングケアラーを支えるために福祉制度を活用する

ノリカさんのように家族の状況を支える子を「ヤングケアラー」と言います。ヤングケアラーとは，「本来大人が担うと想定されている家事や家族の世話などを日常的に行っている子ども」のことです。長期間のケアは，疲労を生み出します。ノリカさんの場合は，祖母や母親の状況を理解し，居宅介護，家事援助，通院公費の利用といった福祉制度の利用に繋げていくことが求められます。

[その他ヤングケアラーの例]	障がいや病気のあるきょうだいの世話や見守りをしている
家計を支えるために労働をして，障がいや病気のある家族を助けている	アルコール・薬物・ギャンブル問題を抱える家族に対応している
がん・難病・精神疾患など慢性的な病気の家族の看病をしている	家族に代わり，幼いきょうだいの世話をしている

参考サイト：厚生労働省「ヤングケアラーとは」（https://www.mhlw.go.jp/young-carer/）

どうすれば伝わる？

マミ先生の回答

●子どもたちがよく知る有名人でヤングケアラーの経験のある人のエピソードを，クラスで話します。このことを通じて，ノリカさんには，彼女の状況は他にも経験者がいること，クラスメイトには，ヤングケアラーの意義を知ってもらうのです。こうすれば，ヤングケアラーという概念が共有でき，ノリカさんはむしろ有名人と同じ凄い人というイメージになります。

●ネガティブなイメージを払拭してから，SSWや地域の主任児童委員あるいは行政等に，各種の福祉サービスを紹介してもらい，ノリカさんの日々を応援しながら，手続きをすすめます。

川上先生の回答

●家族にケアを必要とする人がいる場合，子どもが子どもらしい生活を送れない状況が生まれます。そして，そのことは学校ではあまり見えてきません。むしろ，恥ずかしいことと感じていたり，家庭内のことだからと諦めていたりするケースもあります。

●普段から子どもの様子を感じ取るためにも，コミュニケーションの機会を意図的につくることが大切だと思います。また，「大変だね」で済ませてしまわないためにも，福祉制度についてもある程度は視野に入れておく必要があります。SSW（スクールソーシャルワーカー）に支援を求めることも問題解決の糸口になるかもしれません。

プロフィール
- ●脳性麻痺（痙直型）があり，歩行はかなり難しい
- ●車いすを使用し，足には装具を着用している
- ●日常生活のさまざまな場面で配慮を必要とするため，介助員がついている
- ●学習能力や言語コミュニケーションは問題がない

肢体不自由がある子どもの存在がクラスにもたらす影響

　トモさんには，脳性麻痺という障害があります。脳性麻痺は，母親のおなかの中にいる間から生後４週間までに生じた脳の損傷によって引き起こされる運動機能の障害です。トモさんの場合は，出産時の仮死状態によって脳の一部が損傷し，姿勢の保持や運動に障害があります。トモさんは，自分の状況がよく分かっており，必要なサポートは教員や介助員に自分から援助を求めることができます。主に，移動やトイレ，学習に必要な物の準備などの場面で準備が必要です。クラスメイトたちとの関係は良好で，トモさんと共に学ぶ環境は周囲の子どもたちにも良い影響を与えていると言えそうです。

通常の学級で学ぶ肢体不自由のある子への合理的配慮

　体育や音楽，図画工作等の授業では実技や作業をともないます。これらの場面では，みんなと同じ活動をすることが困難です。使いやすい用具を準備したり，制作時間を延長したりするような配慮を必要とすることもあります。体育の授業はどうしても見学が多くなりがちです。「できないからさせない」のではなく，「別の方法で参加できる内容はないか考える」という視点をもつことも大切です。

どうすれば伝わる？

マミ先生の回答

● 「クラスに脳性麻痺のトモさんがいる」
「クラスメイトのトモさんが脳性麻痺を患っている」
言葉ではわずかな違いですが，実際には，これは大きな違いだとお分かりいただけるでしょうか。後者においては脳性麻痺である前に，トモさんはクラスの一員なのです。クラスにこの感覚を醸成するのは簡単なことです。大人が余計なことを考えなければいい。毎日一緒に過ごしているんですから，子どもたちは，お互いに折り合って，うまくやっていきます。トモさんの授業参加のアイデアだって，いろいろ思いついてくれることでしょう。

川上先生の回答

●肢体不自由の状態は，その子によって様々です。また，エレベーターやスロープの有無といった設備面の制約も，その子の状況を左右します。そして，担任の関わりやクラスメイトの態度などの人的環境も見直しておきたいところです。担任が介助員にサポートを丸投げしているような状況では，周囲の子どもたちもトモさんと距離をおいてしまいます。
●「相互障害状況」という言葉があります。障害はそれを有する側だけに問題があるのではなく，その人に関わる側もその状況を生み出しているという考え方です。トモさんの「できる」部分に着目し，もてる力を最大限に発揮できるように考え続けることが大切だと思います。

ナオトさん

- ●日常の生活では全くと言ってよいほど問題はない
- ●授業態度がよく，素直で聞き分けがよい
- ●忘れ物はなく，提出物もしっかりと出せる
- ●教師の手を煩わせることがなく，様々なことを任せることができ，安心して見ていられる子ども

「手がかからない子」を普通とみなしていないだろうか

　ナオトさんは，学校生活では全くと言ってよいほど問題がない子どもです。学年相応の学習能力があり，授業中の態度も悪くなく，叱られるような場面もまずありません。忘れ物もなく，ご家庭からの提出物も期限内にすべて出揃います。手がかからない子と言えるでしょう。しかし，このような状況は決して「普通」「当たり前」ではありません。むしろ，自分なりに考えて行動することや，自分をコントロールできることはどれだけ難しいことかを知ることが大切です。クラスを支えてくれている，とても貴重な存在であり，何もしなくても大丈夫な子ではないことに留意する必要があります。

「過剰適応」の可能性も視野に入れる

　どんなに騒がしい授業であっても，退屈感の漂う授業であっても，静かに黙って聞く姿勢を保つことができるナオトさん。素直に従う部分は美徳と言えるのかもしれませんが，一方で「過剰適応（自分の都合よりも周りを優先させ，無理をしながらも頑張っている状態）」の可能性はないでしょうか。「状況に適応できているからよい」という判断では，なかなか見えてこない部分です。

しかられたくないから

おとなしくしておこう

どうすれば伝わる？

●過剰適応という視点は，決して忘れてはいけないものです。実際，そのような"良い子"は少なくありません。だから私はナオトさんタイプには，必ず「あなたがもし，何もできなくて性格が悪くてどうしようもない子でも，先生はあなたがだーいすき」と伝えます。

●一方で，ほんとにすくすくと育って，何のストレスもなく「普通の子」ができてしまう子もいます。学習も運動も目立たないけれど，素直で，人に優しく，誰にでも好かれ……。先生方はつい手のかかる子にエネルギーをもってかれがちだけれど，私は，こういう子こそ大切にしたいと常々思っています。「普通の子」って，実は貴重な存在です。

マミ先生の回答

●教師が多忙になるとどうしても，聞き分けがよい子，指示を素直に聞く子，危険なことはしない子，友だちと争いを起こさない子を期待してしまいます。たしかに，そんな子たちばかりだったらクラスは安定するだろうとは思います。しかし，もしかしたら大人の期待を感じ取り，顔色をうかがいながら行動する側面が強いということも考えられます。

●さらに言えば，過剰適応を通り越して，「どんなシステムでも黙って従っていた方がいい」ということを学んでしまっている危険性すらあります。ナオトさんのようなタイプの子どもには，自分で判断し，自分で決めることを大切にしてほしいと伝えていきたいと思います。

川上先生の回答

第3章

「伝わる」アクション！ケース別Q＆A 20＋5

「こんなときどうする？」の "答え" は一つじゃない。

　教師になって１年目の頃，クラスに手を焼く男の子がいて，何も知らなかった私は途方にくれました。「いったいどうすればいいんだろう…」。その頃はまだ，発達障害に関する理解も認識も少なく，情報もほとんどありませんでしたから。

　あのころに比べたら，今は，理解も認識も情報も雲泥の差です。
　それでも，「見ると聞くとは大違い」。きっと，実際に子どもとまみれる日々の中では，いまだ解決策が見つからず，「どうして伝わらないのだろう」と悩み苦しんでいる方も，まだまだ多いのではないでしょうか。

　そこで，３章では，経験の浅い教師の皆さんからいただいた具体的な質問に即して，教室でありがちな20のシーンを用意しました。
　それぞれの場面で，私たちが，自分だったらどのようにするだろうかを話し合っていきます。

修行僧のような生活だわ

来る日も来る日も特別支援の解説

著書がキッカケでひっぱりだこの現在に至る

研究活動

石開活動 ←

教職につく

大学院へ

大学を出たあとスイミングスクールに就職

川上先生 講演会

1990年から今日まで

また，章末には，付録のＱ＆Ａも５つ用意しました。

ここでは「伝わる」というテーマに収まりきらなかったけれど，皆さんからのニーズが高かった質問に答えています。

他の章同様，この章も，文字面だけ読んで真似しても，うまくはいきません。できれば，私たちの発言の後ろ側に横たわっている本質的なものの考え方まで鷲掴みして，それを咀嚼して消化して，血肉として使ってほしいと願っています。

また，なるべく現実的で役に立ちそうな「伝わる」技術をお届けしようと努力していますが，もちろん完全ではありません。

ここにある提案を元に，読者の皆さんが，もっと有効な新しいオリジナルのアイデアをどんどん編み出していただけたら，本望です。

右も左もわからなかった新米教師だった私たちが，時を経て，このように指導の実践をお伝えする立場になりました。

同じように，×年後，どなたかが，また次の世代に，よりブラッシュアップしたアイデアを提案してくれる未来が来ることを期待しています。

01 子ども同士が注意し合ってしまうとき

> 授業の前など，少しざわついてしまうと，子ども同士で「静かにして」という言い合いが始まってしまいます。ルールやマナーを守ろうとしてくれているのはいいのですが，それによって，さらにざわついてしまいます……。けれど，正しいことを言っている子に「言ってはダメ」とも言えないし…。
> こんなとき，どうすればいいのでしょうか？

ちゃんとしようという真面目さが裏目に

川上先生

これは，教室に吹いている「風」が背景にあるような気がします。たぶん，静かにきちんと授業を受けさせなくては，という生真面目さがこの先生にあるのではないでしょうか。

マミ先生

子どもは，教師の思いを敏感に感じ取って，それに一所懸命沿おうとしてくれているんだよね，きっと。

でも，注意されたほうの子は面白くないですよね。だから「〇〇くんのほうがうるさいと思います！」って言い返して，「そっちだって…」って言い合いになって……。

解決策は一つじゃない

私はそんなとき，ため息漏らして，黙ってその子たちをじっと見つめちゃう。なんでそうやって責め合うかなあ…ってうんざりして。でも，面白いことに，

そうやって私が困っていると，だれかの「もういいでしょ！　早く勉強始めよ！」ってお母さんの一喝みたいなセリフで，言い合いが終わるのよ。

しびれを切らした子供が，その場を収めてくれる。

そういうパターンとは別に，こちらから積極的に働きかけることもありますよ。どうするかというと，最初の注意が聞こえてきた時に間髪を入れず，言った子に「ありがとう！　それ，今，先生が言いたかったこと」と感謝を伝えるんです。そして，「でも，もうちょっと優しい言い方してくれたらもっと嬉しかったなあ！」って添えて，言われた子の気持ちも代弁します。川上クンは？

まずは，自分の吹かせている「風」，もっと言ったら「圧」を見直してみてもいいかもしれません。「授業中は静かに」にこだわり過ぎてはいなかったか…と。今，教育の変革期だから，「静かに黙って聞く授業」という常識自体も，変わってくるかもしれません。

この行動をしがちなキャラクター

サユキさん
（キャラ1）

ケンタさん
（キャラ19）

Answer!

①困った顔でたたずんで，子どもの自治に任せる。
②注意したことに間髪入れず感謝する。ただし優しく釘をさす。
③自分の「風」や「圧」を点検する。

02 やっていることをやめられない子がいて次に進まないとき

クラス全体で次の課題や行動に移らなければいけないときに，今やっていることをやめられない子がいて困っています。毎回，その子を説得して次の行動に移させるのですが，その間，指示に従ってすぐ切り替えてくれた他の子たちをずっと待たせることになってしまっていて，心苦しいです。こんなとき，どうすればいいのでしょうか？

やりたいことに集中させてあげたいけれど，現実は厳しい

 そもそも，オルタナティブスクールのように，一斉指導をやめて，その子の興味関心のあることに集中し続けるカリキュラムにすべきじゃないか，って世間は言いそうだけど。

 今の公立校のシステムの中では，厳しそうですね。おそらくモバイル端末で個別の課題を用意しておくなどの「お待たせ」時間の工夫であれば何とか取り入れられるといったところでしょうか。

 学習指導要領って大枠を定めているだけだから，本当は，公立校でも思い切ったことはできるはずなんですけどね。

今すぐできることはなんだろう

 現状できることとして，せめて私は，図工や生活科はもちろん，国

語や算数なども，単元によっては2時間続きにして，課題に取り組む時間を充分とるようにしています。これは，いわば予防的対応といえるかな。

それでもやりたいことをしてしまう対応としては，まず，その子がやりたいことに固執する背景を見ることが必要だと思います。これまで自分の思いを通してきて，それが当たり前になっているのか，完璧主義でどうしても最後まで終わらせたいのか，発達のつまずきがあって本人でも行動をコントロールできないのか，あるいは，その子にとって，その課題がとても面白かったのか。

そうね。私も，子どもの事情によってはそのままやらせちゃう。だって止めるのが無理なのは仕方ないもん。でも，大体の場合は，こちらの都合を説明して，代わりにやる時間も提案して，協力を要請します。そうすると，ほとんどの子が「わかった，もうやめる」「じゃあ，ここまでやったらやめる」とか自分でやめどきを設定してくれますよ。

この行動をしがちなキャラクター

ヨシヒトさん
（キャラ8）

タクミさん
（キャラ13）

Answer!

①やりたいことをやれる時間を，あらかじめ充分とる。
②なぜその子がやめられないのか，その背景を見極める。
③事情によって柔軟に対応し，やめどきの判断を本人に委ねる。

ケース

03 なんでも先生に確認しに来てしまう子に対して

授業中の課題，提出物，宿題，持ち物，給食のお代わり方法，挙句の果てには休み時間にトイレに行くタイミングまで，なににつけても「先生，…はどうすればいいですか」「先生，…していいですか」と確認しにくる子がいます。そのたび答えてあげてはいるのですが，もう少しいろいろなことを気にせず学校生活を過ごしてほしいと思います。どうやって伝えればいいのでしょう？

それまでの経験による処世術かもしれない

 ツムギさん（P72）のように，生まれつき心配性の子もいますが，ひとつひとつ，それを先生に確認するというのは，どちらかというと，これまでの経験から身につけた生活習慣という気がします。

 そうね，ヒロさん（P44）なんかは，気にしていても聞いてこないかもしれない。予想が合っているかどうかわからないけれど，こういう子はおそらく小さい頃から何をするにも細かく決められていて，その通りにすることを望まれてきたのではないかな。だから"指示"がなければ不安になってしまう。

 そんな子に，いきなり「先生にいちいち聞かなくていいんだよ」と言っても，どうしていいかわからないかもしれませんね。

徐々に。具体的に。

 まあ，面倒くさいかもしれないけれど（笑），答えてあげている状態を続けてもいいんじゃないかな。それがその子の安心につながる

ならそれでいいと思うんですよ。その上で，少しずつ変えていく。つまり，時々は一緒に困る。「…はどうすればいいですか」って聞かれたら「そうだねえ」「どうしようか」「どうすればいいと思う？」って，明確な答えを出さずに，一緒に考えるんです。

それから，休み時間の「トイレ行っていいですか」みたいな明らかにイエスという答えしかない質問には，「休み時間は，トイレと水飲みと次の時間の準備をする時間と決まっているから，それは先生に聞かなくても行っていいんだよ」と，具体的に根拠を示して，「次からは聞かなくて大丈夫だよ」って言ったりもします。

その子を不安にさせることなく，徐々に自分で考えたり判断したりできるようにしてあげる感じですよね。改善を急がないのがポイントだと思います。

この行動をしがちなキャラクター

シュンさん
（キャラ9）

ツムギさん
（キャラ16）

ナオトさん
（キャラ25）

Answer!

①答えて安心感をもたらす。

②一緒に答えを考える。

③答えが明らかなときは，詳しく説明をして質問しない状況に。

04 「自由にやってみて」が苦手な子に対して

図工や国語の詩・創作など，クリエイティビティが必要な課題が出ると，固まってしまう子がいます。そういう子は，結局，教科書に載っているお手本を真似したり，友だちの作品と同じようにつくったりしてしまいます。いくら「なんでも自由にやっていいよ，自分のオリジナルでやってごらん」と言っても，それがなかなか伝わらないのです。こんなとき，どうすればいいのでしょうか？

自由で豊かな発想を持つのが子ども，という幻想

 私は，それはそれでいいんじゃないかなって思うんだよね。

 どういうことですか？

 大人たちは皆，発想が豊かで自由闊達に創作するのが子どもらしさっていうイメージを持ち過ぎじゃないかと思うのよ。子どもだって，大人と同じように得意不得意があるのが当たり前で，創作的な課題が苦手な子がいても，それはそれで，そのまま受け止めてあげてもいいんじゃないか，と思うんですよ。

 言われてみれば，そうかもしれません。

その子にとってのベストを見つけていく

 でも，だから放っておけばいい，というわけではないのよ。

 そうですね。教師としては，いずれにしても，その子自身が満足できる作品を仕上げることを手助けしたいですからね。

 苦手な子が，できないことを「やってごらん」と言われても，何か参考になるものがないと難しいと思うのです。だから，教科書を参考にするのは OK だし，友だちの作品に似ていても，真似されるほうの子が，それを「かまわない」というのであれば，容認します。だけど，ちょっとの手助けで，そこにその子のオリジナリティを加味することも可能だと思っていて。いちばんは，会話をすることですね。「あなたは…が好きだったよね」とか「もし…で，…ならどうしたい？」とか，会話の中から，細かく，その子が普段意識していない好みや特性を引っ張り出してあげると，「そうだ！ …を書こう！」って思いつくことは多いですよ。

この行動をしがちなキャラクター

ヒロさん（キャラ2）　ユウダイさん（キャラ3）　アリスさん（キャラ5）　ヨシヒトさん（キャラ8）

Answer!

①自由が苦手な子もいると容認する。

②小さな会話を積み重ねて，その子の書けるものを見つける。

05 間違うことが許せずカンニングしてしまう子に対して

ケース

> テストのたびに，どうしてもカンニングすることが止められない子がいます。
> 悪い子ではないし，むしろ普段は真面目な良い子なのに，テストになると，ちらちらと他の子の答案を見てしまう。自分が答えを間違えることが，許せないようです。どう伝えれば，こういう子にカンニングをやめさせることができるのでしょうか？

子どもが持っている固定観念をぶち壊す

 この子にとっては，「間違える」っていうことが，いちばん許されないことなんでしょうね。

 成長過程で固執しなければならない状況があったのかな……。「間違えるのは悪いこと」という固定観念をはずしてあげたいですね。私は普段から，安心して「わからない」と言える教室にしよう，と心がけています。

 うん。間違いを許せなかったら，きっと一生，生きにくい。テストだけの話じゃないよね。

なにが本当に「とく」なのか？

 私は，テストをする時は，クラス全体で「これからテストだけど，

104

まさかカンニングしないよね？」と釘を刺します。次に，「知ってる？　カンニングするより間違えるほうがお得なんだよ！」と新しい価値観を示します。そして，「だって間違えたら，その後，正しい答えをよりよくわかることができるでしょう？　テストに正解するより，自分の頭の中でわかることがだいじだから，間違うことはお得なんだよ。それに，いつもカンニングしてたら，もっと大きくなったときのだいじな試験のときにもやっちゃうかもよ。入学試験で，もしそれが見つかったら，その学校に入れなくなっちゃう。だから，今のうちにカンニングをしないで頑張る習慣をつけるんだよ」と説明します。

 そこまで伝えてもカンニングしてしまう子にはどうしていますか？

 そういう子がいるのも想定内。その場合は，再度，よく噛み砕いて説明して，その上で「これからどうする？」ってその子に判断を委ねるかな。その子の生き方はその子のものだからね…。でも，しつこくこそっと何度も聞く。「今日はする？　しない？」って（笑）。

この行動をしがちなキャラクター

ヨシヒトさん （キャラ8）　タカヒトさん （キャラ15）

Answer!

① 「間違えないのが最善」という固定観念を壊す。
②自分の意志でカンニングをしないと判断できるようにする。

06 家庭の状況で不安定になっている子に対して

両親の離婚問題が続いていて，家の中が冷え切った状況の子どもがいます。
健気にクラスメートに元気な笑顔を見せてはいるものの，学業のほうは手につかないようで，どんどん成績が下がっています。事情は他の保護者からの情報で，本人から聞いたわけではないので，どうやって声をかければいいのか悩んでいます。

「わかってくれる人がいつもそこにいる」という安心感

こういうときにこそ，【マインドその04】ラポールが効いてきますね。私は手立て以前に，事情を分かってあげている教師がいつもそこにいることがなにより重要だと思います。スクールカウンセラーに相談…という考え方もあると思いますが，学校全体に一人だけで週1回しか来ないので，心理職では日々の暮らしから遠すぎる。

親御さんの問題はすぐには解決しないでしょうから，その子がその状態の中でやっていけるように，毎日一緒にいる教師が支えるしかないですよね。できれば保護者も支えたいけど，そちらは違うリソース※の出番かな。

そうなると違うリソースとすぐ連携が取れる余裕も必要ですね。

どうやって声をかければいいか

私はストレートに言ってしまうほうなんですよね。「実は，あなたのおうちの事情を聞いたから，先生は，あなたが大丈夫かなって，

とっても心配しているよ」って。

 私は，本人や保護者が何か話してくれるまでは見守ります。ただし，小さな変化を見逃さないように気をつけながら。

 そもそも，こういうケースが特別なんじゃなくて，学校からは見えにくいけれど，実は，子どもは，それぞれなにかしらの家庭の事情の中で生きていると思うのね。そして，その一人ひとりが，その状況に応じて自分の力で生きていくしかない，と私は思っている。その生きる力を信じて，できるフォローをしていく。特別なことじゃなくて，日常的に声をかけたり，絵の具，定規，コンパス等を貸してあげたり，宿題を一緒にやったり，…そんな感じかな。

※リソース…利用できる人，施設，機関，団体，資金等の総称

この行動をしがちなキャラクター

ノリカさん（キャラ23）　ナオトさん（キャラ25）

Answer!

①「わかっている人がいつもそこにいる」という安心感を与える。
②できる限り，学習のフォローをする。

07 書くことや考えることをすぐ放棄してしまう子に対して

課題が出ても,最初から取り組もうとしなかったり,一旦取り組んでも,書くことや考えることをすぐ放棄してしまう子がいます。気をつけて声かけするようにしているのですが,他の子の指導に夢中になって,気がつくと,ぼーっと窓の外を見ていたり,他の子にちょっかい出したりして,ぜんぜん進んでいなかった,ということばかりです。どうすればいいのでしょうか。

まずは背景を見極める

 私の次男がこういう子でした。先生は手を焼いていたと思います。

 それで,親として何かされたとか?

 ……いや,何も(笑)。それでも最終的に中堅大学には進学したので,放っておいても大丈夫な場合もあると学びました。

 そういうパターンもあるんですね。一般的には,家庭の事情で課題が手につかない,ADHDなどが背景にあり気が散ってしまう,スローラーナーで理解が全般的にゆっくり,SLDで読み書きに支障がある,諦めの感情を持っている,などが,その背景にあると考えられます。

その子に必要なアプローチを

 もしも家庭の問題が原因なら，やっぱり手立てより心の安定。また，他のことに注意がそれやすい場合は，声かけを控えて選択肢を示します。どこまでやるかなども子ども自身が決められると，前向きになれるかも。

 スローラーナーなら，私は，課題自体を減らしたり簡易にしたりしてあげます。SLDの場合は，ハルトさん（P54）のように，モバイル端末での音声入力の活用とかもアリですよね。

 「どうせやってもできない」と最初からあきらめ，傷つくことを恐れて課題に向かない子は，それまでの無力感に寄り添う必要があります。つい，強い指導をしてしまいがちかもしれないけれど，そこはグッとこらえて…。

 我が息子のようなケースがあることも，頭に入れておいてください（笑）。

この行動をしがちなキャラクター

ユウダイさん	ヤスヒロさん	ハルトさん	リクさん	ノリカさん
（キャラ3）	（キャラ6）	（キャラ7）	（キャラ10）	（キャラ23）

Answer!

①どうしてその子がそうしてしまうのか，その背景を考える。
②その子の事情／背景に合せて支援の方法を変える。

ケース 08 授業中に子どもが教室を飛び出してしまったとき

> 授業中に子どもが教室を飛び出してしまったとき，どうすればいいですか。

「どうすればいい」に決まりはない

 私は決まったやり方なんてないです。一人しかいなくて，教室に子どもがたくさんいて，でもその子もほっておけなくて。正直，頭で考えている余裕はない。その場に応じて，咄嗟にふさわしいアクションをする。その子が何するかわからない，どこに行くかわからない，って思えば，クラスを放っておいても大慌てで追いかけます。

行くところはわかっていてほどなくしたら戻ってくるという確信があれば，その子をそのまま放っておきます。すぐに先生が追いかけることが逆効果になりそうだけれど，放っておくには不安があるときは，一呼吸おいて迎えに行く。

 他の先生や管理職の方にヘルプを出したりしないんですね。

 私，それが苦手なんだよねえ。なんか申し訳なくて自分でなんとか

しようとする。昭和生まれの悪いところだと思う。

頼りになるのはクラスの子どもたち

本来であれば，そんな遠慮をしなくてもすむような，例えば，支援員がいるとか，複数担任制度であるとか，余裕を持って対処できる体制がほしいところですよね。

ほんとに！　でも，たいていそれはない。たとえ他の先生に頼ったとしても，最後に担任が迎えに行かなくちゃおさまらないし。でも，クラスの子どもたちがほんとに頼りになる。私が「ごめんね，○○さん迎えに行ってくるから，戻ってくるまでこれを学習していて」って言うと，リーダー格の子が「わかった。やっとくから」と請け合って，戻ったら「これこれこういうことがあったけど，こうしておいたよ」なんて指示の不備に対処したことまで報告してくれる。さらに飛び出した子がひっくり返した学習用具までしっかり片付いていて，戻ってきた子を温かく迎えてくれる。子どもって，大人が思うよりずっとすごいなあって，毎回感動しています。

この行動をしがちなキャラクター

ヤスヒロさん
（キャラ6）

ヨシヒトさん
（キャラ8）

シュンさん
（キャラ9）

タカヒトさん
（キャラ15）

Answer!

①答えは一つではない。臨機応変な対応を。
②安全の確保と所在の確認を最優先に。
③戻ってきた子を温かく迎え入れるクラスにする。

09 他の子と同じ指示が理解できない子に対して

ケース

視覚的指示も併用して，短い言葉で丁寧に，と自分なりにわかりやすく説明しているつもりなんですが，どうしても一斉指導での指示が理解できない子がいます。自分の実力では，どうすればその子に伝わるのかがわかりません。

同じクラスに年齢差のある子がいるとイメージする

まず，同じ地域に住んでいて同じ年齢の子どもたちが集まっていたとしても，理解には開きがあるという認識が必要です。知能指数を例にして幅がどれくらいあるのかを考えてみます。通常の学級には，70-130前後の範囲の子がいると仮定すれば，実際には下の図に示すような年齢差があることになります。そのような幅を持った「発達段階」を想定しているかどうかがポイントになります。その学年だけを想定して指示を伝えているとすれば，発達段階に数年の差があるのですから，理解できないのはむしろ当たり前のことです。

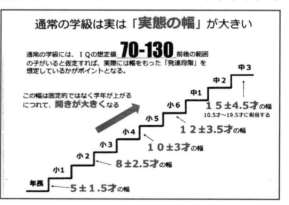

通常の学級は実は「実態の幅」が大きい

通常の学級には，ＩＱの想定値 **70-130** 前後の範囲の子がいると仮定すれば，実際には幅をもった「発達段階」を想定しているかがポイントとなる。

この幅は固定的ではなく学年が上がるにつれて，開きが大きくなる

年長 ── 5±1.5才の幅
小1
小2 ── 8±2.5才の幅
小3
小4 ── 10±3才の幅
小5
小6 ── 12±3.5才の幅
中1
中2 ── 15±4.5才の幅
中3　　10.5才〜19.5才に相当する

一斉指導では全員に伝わらないという前提で考える

 だから，教師の実力がないから一斉指導がうまくいかないっていう発想自体が違うってことね。

 そうですね。発達段階だけでなく，様々な事情からその日のコンディションの影響もあるので，わからない子，聞き逃す子がいるという前提ですすめたほうがいいです。具体的には，指示を途中で止めて，理解度を確認する。このとき「わからない人？」と聞くよりは「正直ピンと来ない人？」「あれ？と思った人」「うっかり聞いてなかった人」のような言い方のほうが，子どもは答えやすい。

 言われてみれば私も，一斉指導で伝えた後に，必ず何人かの心配な子に個別で声かけしています。みんなすました顔で聞いているのに，後でそうやって確かめてみると，けっこうわかってない子多いからねー。もう，あのおすまし顔はなんだったのかって笑っちゃう。

この行動をしがちなキャラクター

| ヒロさん (キャラ2) | ユウダイさん (キャラ3) | アリスさん (キャラ5) | ヨシヒトさん (キャラ8) | ホノカさん (キャラ11) | マナミさん (キャラ18) |

Answer!

①一斉指導では全員に伝わらないという前提で考える。

②一斉指導中に，時々確認しながら進める。

③一斉指導の後，心配な子に個別に声かけする。

10 自尊感情が低い子に対して

「どうせオレなんか」「なにをやったって無駄」と無気力になっている子だけでなく，「いやだ」「やりたくない」と反抗的な子も，いずれも，自尊感情の低さがその根っこにあるような気がしています。彼らの自尊感情を高めるためには，どうすればいいのでしょうか。

自尊感情とは不完全な自分を肯定できること

質問者の方のおっしゃる通りですね。自尊感情を言い換えると，「不完全な自分を肯定できる」ということ。これがないと，完全でない自分が許せないから，ごまかそう，言い訳しよう，最初からやらないでおこうということになる。これでは成長は見込めないし，生きにくさを抱えることにも直結します。

でもね，天邪鬼かもしれないけれど，自尊感情，自尊感情って重要視されるのも息苦しい。それが高くても低くても，なんとかやれていればいいんじゃないって思っちゃう。

その視点は大事ですね。私は，自尊感情を保つ条件を，●欠点を長所ととらえる発想，●他者がハンディキャップと考えることを自らはねのける気持ち，●他者よりも苦手なところも逆に優れているところもある。それが自分だと思える気持ち，と定義しています。自尊感情に固執する必要はないけれど，これらがなくてしんどい子どももいるということは理解しておきたいところです。

自尊感情は積み上げるものではなく，修復するもの

 私ね，自尊感情って，生まれた時は満タンで，それが少しずつ損なわれていくんじゃないかと思ってるんですよ。だって，赤ちゃんって無条件で生きる喜びにあふれているでしょう。だから，自尊感情を高めるって，実は，欠けたものを修復する作業だと思うんです。

 たしかにその通りです。家庭や学校で，マルトリートメント※を受けて自尊感情を傷つけてしまっていることはあるでしょうね。これ以上損なわないためには，子どもを，意欲が低いとか，態度が悪いとか，自覚が足りないなどという言葉で評価しないことが大切です。身近な人に非難されてばかりでは，自尊感情は築けない。大切なのは，教師が，「叱って直す」ではなく「教え導く」を貫くことです。

※マルトリートメント……不適切な扱い

この行動をしがちなキャラクター

ユウダイさん（キャラ3）　アリスさん（キャラ5）　タカヒトさん（キャラ15）

Answer!

①まず教師がその子の存在を喜び，「やれる」と信じきる。
②「叱って直す」のではなく「教え導く」を貫く。

11 字が読めない，書けない子がクラスにいるとき

字が読めない，書けない子がクラスにいるとき，どうすればいいですか。

ほんとうはありえないことを背負わされているという自覚も必要

 文字の読み書きのつまずきの背景は様々です。日本語を母語としていないケースもあります。

 日本語そのものがわからない場合は，私は，英語が通じれば下手な英語でなんとかするけど，英語さえ通じない場合は，ハンディ翻訳機やモバイル端末が役に立つといいですよね。日本語個別指導もあるけど，少なすぎる。

知的障害，SLD等の場合は，読むときは代読，書くときは赤エンピツで書いたものをなぞらせるなど，思いつく配慮はしているけれど，通常の学級でやれることには限りがある。一斉指導のほかに，必ずそれをやるだけで大忙し。そもそも，いろんな子を担任たった一人でカバーする今のシステムに，無理があると思うから，「完璧にはできない」と腹を括ることもだいじ。保護者ともそれは共有する。そして，自分以外のリソースをどんどん見つけて，最善を尽くすしかない。頼りになるのは子どもたち。クラスの子どもたちが，私の代わりに読み書きに困難がある子の対応をしてくれることも多いかな。

なぞり書き以外の書くことを支援する具体的な方法としては，たとえば漢字なら，①書き順カードを一枚ずつ提示し，一画ごとの「運動の方向」を言語化しながら練習する。②部首の組み合わせを「おひさまの右側に青空を書くと晴れ」というように，書くものと書く位置がわかるような言語化をしながら練習する。③漢字成り立ちカードを示し，「火が燃えている様子」をイメージしながら「火」の形を大まかにとらえて練習する，などの方法があります。

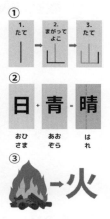

このような工夫をしても，なぞり書きからなかなか卒業できない子の場合は，どのように手指を動かしてよいか，体を思うように動かす感じがわからないのだろうと推察できます。簡単に言ってしまえば，頭ではなく体の運動感覚のイメージがわかないため，「できそうにない」と思ってしまうのです。この場合は，その子の正面から手をとって，動かし方を教えてあげる必要があります。こうすれば鉛筆の握り方も修正できますし，どこを見ればよいのか，目の使い方も教えてあげることができます。

この行動をしがちなキャラクター

ユウダイさん （キャラ3）	ハルトさん （キャラ7）	クマールさん （キャラ20）

Answer!

①通常の学級でできることを見極めたうえで最善を尽くす。

②指導のアイデアを積極的に見つけ，ツールや支援的な方法を大いに活用する。

ケース 12 教室に入ることができない子に対して

小学校低学年です。毎日登校はしてくるのですが，どうしても教室に入れない子がいます。廊下で固まってしまって動きません。おうちの人も送ってきてくれて，説得してくれるのですが……。

子どもの特性によって，対応は分かれます

このケースに限って言えば，私は，教室に入れる方法を２つ知っています。

１つ目は，保護者に一緒に登校してもらい，その子の気のすむまでそばにいてもらう方法。仕事の関係で難しい場合もあるかもしれませんが，母子分離ができていないことが原因の場合は有効です。この方法で肝心なのは，保護者が，子どもが知らないうちにそっと帰らないようにすること。必ず，本人が「もういいよ」と言うまでそこにいる。そうしないと，安心感が醸成できません。

２つ目は，「教室に入れない」ということ自体を軽くしてしまう方法。わざと「教室に入れないのは大したことじゃない」という雰囲気を醸し出して立ちすくんでいる子に近づき，肩を抱えて黙って入れてしまう。固まって動かないときも体を

抱えて入れてしまう。教室に入ってさえしまえば，あとは平気，という子におすすめです。この方法で肝心なのは見極め。本人が心の奥底で「先生に強引に連れて行かれたい」と思っていることが汲み取れたら，この方法が有効です。

教室に入ることが解決策とは限らない

 教室に入ることだけが解決策というわけではありませんよね。

 はい。ケースバイケースですよね。

 集団の中にいることがどうしても不安で苦痛な場合は，クラスの雰囲気づくりやオンライン授業の実施がきっかけになります。教師が廊下と教室の間のドアのところに行って授業し，廊下にいることも教室の延長なんだという空気感をつくることもできます。
このように，教室に入れない子を教室に入れるという「線」的視点ではなく，その子の困り感をふさわしい方法で解消するという，「面」的視点もあっていいのではないでしょうか。

この行動をしがちなキャラクター

アリスさん　　　ミサトさん
（キャラ5）　　（キャラ12）

Answer!

①その子の思いを汲み取って，教室に入れる方法を柔軟に探る。
②解決策を，教室に入れることだけに限定しない。

13 自分だけを見てほしい子がクラスにいるとき

> 授業では「ハイ！ハイ！」と声をあげて挙手する，すぐに先生のそば
> をキープしたがる，なにかと自分の話をしたがる，という感じで，自
> 分だけを見てほしい感満載の子には，どのように接すればいいのでしょ
> うか。

そのエネルギーを受け止める

 教師に愛情を求める場合，家庭でそれが満たされないという場合もありますよね。

 おそらく，子ども時代の私はその傾向があったと思います。

 家庭で愛に満たされていても，その子自身のエネルギーが強すぎて，他の子と同じ扱いでは満足しきれないという場合もあります。マミ先生そっちかも（笑）。

 えっ。……（汗）。

具体的な対処法

 自分がそうだからっていうわけじゃないけど，私はわりとそういう

行動を許容するほうですね。ただし，必ずクラス全体の了承は得ます。授業中は，「○○さん指さないとウルサいから，先に指しちゃっていい?」とか，手伝いたがるときは「○○さんにこれ頼んでいい?」とか皆に聞いちゃう。それで「イヤだ」って言われることは100%ないです。皆がみんな，先生にアピールしたいわけじゃないから，「どうぞご勝手に」っていう感じよ。

まったく同じです。ただ，積極的にアピールはしないけれど，本音では先生に注目されたいという子の不満にどう対応するかという質問も出てくると思いますが……。

うーん。普段からいろいろな子に絶えず気をかけ声をかけているから，大丈夫だと思いますけどね…。それに，エネルギーのある子が，そのパワーを使って先生の注目をゲットするのは，自らの努力の結果でもあるわけでしょう。じゃあ，その，本音では注目されたい子も，自分で頑張ればいいんじゃない? 世の中そんなに甘くねーぞ。

なるほど……（愛こそがすべてと言っているクセに，時々ナゾに厳しいんだよな，マミ先生……）。

この行動をしがちなキャラクター

サユキさん
（キャラ1）

シュンさん
（キャラ9）

ミキトさん
（キャラ14）

Answer!

①エネルギーをポジティブに受けとめる。
②クラス全体でその子のキャラクターと対応を共有する。

14 課題提示から取り組むまでの時間に差が出てしまうとき

いろんな子がいると，どうしても課題提示から取り組むまでの時間に差が出てしまいます。そしてそれが仕上げの時間にも影響して，要領よくやる子はさっさと早く終わりすぎるし，取り組み始めるのが遅い子は時間内に終わらない。この問題はどう解決すればいいですか。

早すぎる子，遅すぎる子，それぞれの理由

  こちらが話し終わらないうちに，さっさと始めてしまう子，きちんと話を聞いて取り組む子，説明が終わっても始めない子，いろいろいますよね。

 いつも思っているんですが，この質問に限らず，結局どの問題も，どう対応するかより，その子がどうしてその行動をするかを見極めるほうが大事なんです。

 そうね。最初はわからなくても，毎日一緒に学習するうちに，それはだんだんわかってくると思います。

 そしてそれがわかれば，対応策も見えてくる。

さて，じゃあどうする

 早すぎる子は，仕事をテキトーに片付ける感覚でやっているから，やる前に「時間をかけて最大限いいものをつくって」と釘を刺しておき，提出したときも，クオリティが低ければ「もっとここ！」と言って突っ返します。遅い子は，それぞれの状態に応じて支援します。●やることがわかっていなければ，わかるまで説明する，●気が散って他のことを考えているなら，集中させる，●じっくり考えているだけならそっと見守る，●やることはわかっているけどできないなら，一緒にやり方を考える，という感じですかね。席替えのとき，遅い子の席の周りに，課題をしっかりこなすことができて，しかも世話好きの子を配置して，事前の配慮をしておくこともあります。

 それに付け加えて，●課題そのものを細分化する，●時間を絞って集中できるようにする（早すぎず遅すぎず），●「この時間だけで全員できなくてもいい」とゆったり構える，等の工夫もできるかなと思います。

この行動をしがちなキャラクター

ヒロさん　ユウダイさん　ヤスヒロさん　ケンタさん　トモさん
（キャラ2）　（キャラ3）　（キャラ6）　（キャラ19）　（キャラ24）

Answer!

①早すぎる，または遅すぎる理由を見極め，相応しい支援をする。
②課題そのものや設定に工夫を加える。

15 泣き出してしまいやすい子に対して

なにかあると，すぐ泣き出してしまう子がいます。
この子をそのままにしていても良いのでしょうか。

泣くこと自体を否定はしない

 マミ先生は子どもが泣いたときはどうしていますか。

 その子のキャラクターによるから，一概には言えないね。アリスさん（P50）やツムギさん（P72）のような子なら，丁寧に対応して，優しく傷つけないように話すし，逆に，自分で解決するから話しかけないでっていう子もいる。ラポールが築けていたら，あえて厳しく「泣いてもダメなものはダメ！」って言うこともあります。ただ，泣くこと自体は否定しません。

 泣くというのを，自己表現のひとつと捉える発想が大切ですね。

 低学年なんか，誰かが泣き出すとそれはもう大事件で，涙一つで皆

の関心や心配を一手に集めることができるから。ある意味，泣くことは自分の権利を守る最強ツールではないか，と私は思っています。

 ご質問の「そのままでよいか」の部分はどう考えますか？

違う方法も身につける

 そうですね。泣くという方法の代わりがあれば，きっとそんなに頻繁に泣かなくてすみますよね。私の場合は，誰かが泣いたら，泣きやむのを待って，その場でちょっとしたソーシャルスキルトレーニング※をします。その繰り返しが，泣くに代わる，新しい方法を身につけることに繋がればいいと思って。また，思いを伝え合うために，みんなは国語の勉強はしているんだよ，と学習の意義も押さえます。言葉で自分の思いを正しく表現できれば，そして，それを相手に明確に伝える力があれば，いちいち泣かなくていいんだから。

 それは暴力という表現方法しかない子どもも同じですね。

※ソーシャルスキルトレーニング…その場にふさわしい立ち居振る舞いや会話をするレッスン

この行動をしがちなキャラクター

アリスさん　ヨシヒトさん　ツムギさん
（キャラ5）　（キャラ8）　（キャラ16）

Answer!

①泣くという行為自体は叱らない。
②泣く以外の表現方法を，いろいろな場面を通じて身につけさせる。

ケース

16 行動が遅い子がいるとき

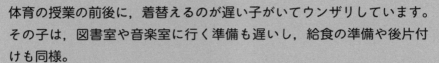

体育の授業の前後に，着替えるのが遅い子がいてウンザリしています。
その子は，図書室や音楽室に行く準備も遅いし，給食の準備や後片付けも同様。
どうすれば，他の子と同じタイミングで行動できるようになるのでしょうか。

「早くしなさい」より具体的な数々の手立てを

 これはねー，まだ教師になりたての頃とっても苦労しました！それで，いろんな先生にいろんな手立てを教わりました。

 たとえばどんな？

 まずは●タイマーをかけて「何分までに終わろう」「何分以内にできるかな」と声をかけること。今はICTで大きく表示できますよね。次に●声かけ。「次は体育だからすぐに着替えるよ」とか「他の人とおしゃ

べりしないで着替えに集中するよ」とか早めに伝えておくこと。●その子を待たずにさっさと準備して行ってしまうと，そのうち，自然と間に合わせようという習慣がつく，というアドバイスもありました。

行動が遅い子は，そもそも他の子のように「今は…する時間」と周りを見て気づけない特性があるかもしれないので，「早く！」「なにやっているの！」の叱責よりも，そっちのほうが効果的ですね。

子どもの心に思いを馳せる

 とはいえ，言っちゃいますよー，「早く！」って。ホンットに遅い子は遅いんだもん。でもね，そうやって「早く早く！」って言ってるうちにふと気づいたのよ。そう言えば，私，自分が低学年の頃，親や先生に「遅い，遅い」ってさんざん言われてたなあって。でもあの当時，自分では「何が遅いんだろう，どうすればいいんだろう」って，さっぱりわからなくて。それを思い出してからは，遅い子に優しくなれました（笑）。それでどうしたらあの頃の私が気づくだろうと考えて，今は，「まずは，『自分は着替えるのが遅い』ってことを覚えるんだよ」って，そこから始めてます。

 その共感があれば，先輩たちのアドバイスもグッと活きてくると思います。逆に，どんな工夫も「その子の力になりたい」という思いが根っこになければ，薄っぺらいものになってしまうと思います。

この行動をしがちなキャラクター

ユウダイさん
（キャラ3）

コウキさん
（キャラ4）

ヤスヒロさん
（キャラ6）

ホノカさん
（キャラ11）

Answer!

①タイマー，早めの声かけ，雰囲気づくりなどの工夫をする。
②遅い子の心情に共感し，思いやって対応する。

17 子どもが嘘をついてしまうとき

子どもに嘘をつかれてしまい，自信をなくしています。信頼関係ができていると思っていたのに，ショックです。子どもの嘘には，どう対処すればいいのでしょうか。

子どもの嘘は嘘じゃない！？

子どもの嘘って，子どもにとっては，嘘というより方便なんだよね。怒られないためにできることを総動員する，その一環。都合よくすりかえて嘘じゃないと信じ込むパターンも同じ。つまり，「いつもそうやってる！」って言われて「やってない」って答える子の心の中は「やってるけど"いつも"じゃないから，やってないって言える」というわけ。これを大人は嘘と呼ぶ。子どものほうは，まだ数年から十数年しか生きてない中，自分なりに考えて精いっぱい怒られる危険から逃れる方法を編み出して，頑張っているんだけどね。

大人が嘘をつかれたからと言って，そこで落ち込む必要はないということですね。では，「嘘は放置してよい」ということですか？

そういうわけにはいきません（笑）。具体的に紐解いて、「これは嘘と言われてもしかたないよ」と丁寧に指導します。

信じ続ける

 今まで、親に嘘をついてうまく切り抜けてきたから、学校でもするりと嘘が出てくる子もいる。もう絶対嘘をつかないと誓って、裏切る子もいる。でもそれが子ども。そういうときは、私は素直に言っちゃう。「今度から同じようなことがあったら、きみのことを疑うことにする。でも、次に嘘つかなかったら、また信じることにする」って。嘘を見抜けなかったときのために「マミ先生はだませてもお天道様はだませないよ」とも言っておく（笑）。とにかく、子どもとは嘘をつくイキモノだと理解しつつ、それをも包括して信じるしかない、と考えています。まあ小学校低学年なら嘘もかわいいもんだけど、中高生の大ワルとかでも、信じぬく中学・高校の先生とかいるでしょ、すごいよね。尊敬するよねー。

 どの世代であろうと、基本はやっぱり、信じることですね。

この行動をしがちなキャラクター

ミキトさん
（キャラ14）

タカヒトさん
（キャラ15）

Answer!

①子どもの嘘は怒られないための必死の知恵と知っておく。

②何度嘘をつかれても信じぬく。

18 教室移動・事務連絡・手紙配りをうまくやるには

教室移動，事務連絡，手紙配り。毎日の当たり前のことなんですけど，他の人みたいにスムーズにいきません。朝の連絡や手紙がたくさんあるときには，どうしても1時間目の始業に間に合わないこともあります。どうすればうまくできますか。

教室移動

ちゃんとした先生は，5分休み始まるとすぐ並ばせて，次の始業チャイムが鳴る前に専科の教室に座らせるよね。実は，私はこれが苦手です。つい，ひと息つきたいだろうなあって思って，手綱を緩めてしまう。心の奥底では，「休み時間なんだから，並ばずに各自で行ってもいいのでは」とも思っているし。

列を乱したり，声を出したりしてしまう子がいる場合は？

休み時間の移動は，だから，あまりうるさく言いません。でも，授業中に教室移動しなければいけないときは，すごく静かに行くようにしています。子どもたちには，「学習中に廊下がざわざわすると，気が散ってしまうから，忍者のように静かに歩くよ！ 誰かがいるって気がつかれないくらい静

かに行けたら成功」って言っています。

それでもしゃべっちゃう子がすごく気になっていたのだけど，先輩の先生に「9割の子ができていたら，それでよしとする」という考え方を教わって，それでずいぶん楽になりました。

事務連絡／手紙配り

 事務連絡は，【スキル05】全体指導の8原則が有効だと思います。マミ先生はそのほかにどんなことをされていますか？

 話す前に「職員室で言われたことを伝えるよ」というと，職員室っていう自分たちが入れない場所の情報という秘密感が漂うのか，俄然聞く気になりますよ（笑）。手紙は，必ず連絡袋を机の上に出させてから配るかな。多いときは「今日は，お手紙攻撃だよ！」と言って配ります。すると子どもたちも「よーし，受けて立とう！」みたいな感じで覚悟するから，どんどん配ってもスムーズにしまえる。このとき，余ったお手紙を1種類ずつ黒板にマグネットで貼っておくと，子どもが過不足を確認できます。

この行動をしがちなキャラクター

コウキさん
（キャラ4）

ヤスヒロさん
（キャラ6）

シュンさん
（キャラ9）

ソラさん
（キャラ17）

Answer!

①教室移動は他の先生のやり方を参考に自分のスタイルを。

②事務連絡／手紙配りは，子どもを集中させるのがコツ。

19 教室掲示では，なにが伝わるようにするべき？

学年便りや学級通信，授業の内容，学級での決まりなど，皆さん教室にいろいろな掲示をしています。でも，子どものためには，教室掲示をすっきりさせた方がいいという話も聞きました。いったい，どうすればいいのでしょうか。

掲示物は厳選したい

 こんなこと言ったらぜったい反感を買うと思うのだけれど，私，掲示物が多い教室，苦手です。とくに「…しよう」みたいな優等生を目指す呼びかけや学習の成果がこれでもかと貼ってあると，正直，「こんなに日常的に，掲示物で"良い子"であれと迫られる教室では，子どもたちは生きにくかろう」と思ってしまう。掲示物でなにかを絶えず伝えようとされたら，私だったら，逃げ出したくなる。

 すごく共感します。私も割としんどくなるほうです。教室の掲示はクラスの空気感をつくります。本当に必要なものを見極めて貼り出す必要がありますね。情報過多だと，学習にも集中できませんから。

 側面の壁に学習の成果が飾られていることもあるよね。とくに研究授業のときとか。

活用しなければ意味がない

 それが授業の流れの中で必要ならありかもしれません。学習の成果に限らず、「正しい姿勢」、「話の聞き方」、「机の中の整理のしかた」などの教室掲示はたくさんありますが、普段の授業中や生活指導に活用されていなければ意味がない。身につくまで徹底的に使いこむ、身についたと感じたらはずしてみる、まだ定着していなかったら再度学習し直すといった「活用」が何より大切です。

 わかる！　私も掲示すべてを否定しているわけではなくて、「今日一日の予定」「時間割」のように、貼っておくと子どもが便利だなと思うものは教室後方に、「給食当番表」「声のものさし」のように、私が指導の上で日々活用するものは、教室側面に貼っています。この文脈で考えると、定番のいろんな目標とか学年便りは、やっぱり教室に貼らなくていいね！　子どもはだれも読んでないもの……。

 同感です。私は学年便りは裏面の予定表の部分が見えるように掲示しています。

この行動をしがちなキャラクター

アリスさん
（キャラ5）

ヤスヒロさん
（キャラ6）

ヨシヒトさん
（キャラ8）

Answer!

①掲示物を、子どもにとって必要なものだけに厳選する。
②掲示してあるものは、日々の授業や生活指導で活用する。

20 学年便り・学級通信，だれになにをどうやって伝える？

> 学年便り，学級通信を書くのですが，いつも起案（管理職のチェック）が通りません。「だれになにを伝えるのかを明確に」と言われるのですが……。具体的に，なにに気をつければいいのでしょう。

徹頭徹尾，保護者向けに書いているのを忘れずに

経験の浅いときにありがちなのは，学年便りにしても学級通信にしても，保護者向けと子ども向けの内容が混在してしまうことですね。つまり，挨拶文では保護者向けに書いておきながら，お知らせ欄で「絵の具を持ってきましょう」「宿題をやっておきましょう」と書いてしまうような間違いのことです。こういうことがないように，学年便りも学級通信も，あくまで保護者向けということをしっかり頭に入れて，文章を考えるといいと思います。

……私もそれ，最初の頃に直されたことある（恥）。

学年便り・学級通信　保護者の本音

さて，私の方からは，教師になる前の，長年の保護者経験を活かして，アドバイスいたします。まず，学年便り。保護者は，他のどの手紙より，学年便りを重視しています。冷蔵庫にも貼る（笑）。でもね，最初の挨拶文は読まない。だからあそこは思いっきり短くていい。教科別の学習内容も，多くの保護者はあんまり見ない。見る

のは，予定表と，お知らせ欄。
ここに大事なことが書いてあっ
て，ここを見逃すとそれ以外に
アナウンスがないこともあるの
を，経験的に知っているから，
必ずチェックする。ここに間違
いがあると，直接言わないまで

も，「先生しっかりしてほしいなあ」と思ってしまいます。

次に学級通信。学級通信は写真を多用するのが Win-Win だと思い
ます。先生も文章を考えなくてすむし，保護者も子どもの様子を見
られて楽しい。頻度は週1回以下で充分。実は，教師になりたての
頃，頑張って毎日学級通信を出している先生に「保護者は読まない
んだよねー毎日もらっても」と口を滑らせてしまって，その先生が
通信を出すのをやめてしまったという苦い思い出があります。それ
は今でも申し訳なくて心が痛むけど，実際そうなんですよ……。

学年便り・学級通信で伝わってほしいこと

 通信では「うちの子たち，愛されている！」と実感してもらいたい
と思っています。マミ先生は？

 もう，シンプルにコミュニケーションですよ。保護者としては，先
生の教育に対する「思い」が感じられたら，それが一番うれしいか
な。

Answer!

①保護者に，大切なお知らせと，自分の思いを伝えるツールと自覚。
②保護者目線で読みやすさを考え，ひとりよがりに陥らないように。

お悩み

01 子どもから暴言を吐かれたらどうすればいいですか?

子どもから「うっせーんだよ」「クソ」「死ね」などの言葉を言われると,どう返していいかわかりません。なにも言えずに,立ちすくんでしまいます。きちんと注意するべきなのか,それとも他の方法をとるべきなのか……。

教育は感情労働です

「うっせー」「クソ」「死ね」などの言葉は,社会的には大人が言ったら許されない言葉です。そのため大人としては心穏やかではいられなくなります。道徳心が強い教師ほど,その言葉に囚われ頭ごなしに叱る傾向があります。また,どう返せばよいかわからないという場合は,まだ教師としての芯や軸が出来上がっていない段階です。感情的になってもあまり良い結果は生み出されません。

でも,感情的にならないのは難しい。

教育は感情労働です。感情労働とは,肉体労働,頭脳労働に続く第三の形態。人と直接的に接することが生業(なりわい)ですから,感情の抑制・忍耐・緊張感が付きまとうものという点は,まず理解

しておく必要があります。自らの感情を制する者が，教室を制します。

暴言には，ユーモアとアイメッセージで

 教師になったばかりの頃は，子どもに反射的に怒っていたなー。私，精神年齢低いから…。
今では，暴言が子どもの困り感の表出という理解ができたから，「死ね」って言われたら「生きる！」ってユーモアで答えたり，「クソ」って言われたら「それは言われたら悲しい」ってアイメッセージ※で答えたりできるようになったけど。

 「その言葉は使わない」と伝えるだけでなく，その子が暴言で表現したい「つらい」「苦しい」という気持ちを素直に表す術も，同時に伝えたいですよね。教師がどう反応するかは，その第一歩。モデリング※だと思って頑張ってほしいです。そして，良い習慣は，繰り返し繰り返し伝えないと身につかないことも知っていてほしいです。

※アイメッセージ…あなた（ユー）ではなく私（アイ）を主語にした表現。
※モデリング…お手本になるふるまいをすること

Answer!

①ユーモアとアイメッセージで受け止める。
②暴言で表現したかった内面を表す適切な方法を，繰り返し伝える。
　※マインド06（P19）参照

お悩み
02 ショック！ 保護者からのクレームが

毎日，誠心誠意子どもと向き合って頑張っているつもりだったのに，保護者から「そういうことは，うちの子にはしないで」と言われてしまいました。いきなり冷や水をかけられたような気持ちでいます。これから，どうすればいいのでしょうか。

クレームはあなただけじゃない

私も，教員としては，子どもに精いっぱいのことをして，家族支援者としては，保護者の支えになりたいと強く思っているのに，それでも保護者からのクレームを受けることがあるから，この方の切なさ，とてもよくわかります。

クレーム受けたら 凹みます…

先生だって
ニンゲンだもの

おそらくほとんどの教師が，多かれ少なかれその経験はありますよ。

私は，昔保護者で今教師だからすごくわかるのだけれど，学校の中のことは，保護者には見えません。保護者の情報源は子どもの証言なのだけれど，それはその子の主観で見た景色で，事実ではないから……。

学校も家庭も忙しいけれど，こまめに良好なコミュニケーションを

積極的にとる以外方法はないと思います。管理職の先生を交える場合もあります。担任のやり方を批判している場合ばかりではないので，常に「誠心誠意」を心がけていく必要があります。

思いは同じなのにすれ違う

でもね，保護者の方に対して，クレームという形で連絡せずに，まずはコミュニケーションをとってほしいという思いもある。いきなりクレームはショックだもん。クレームに至るような自分の配慮不足ももちろん情けないけれど，それ以上に，信頼されてなかったことが悲しいの。もし信頼があれば，クレームの前に「どうしてこんなことに？」と訊ねてくれるんじゃないのかな，と思って。

私たちは，保護者から見たら，個人である前に「先生」というイメージに覆われています。保護者の方が，元々「学校」や「先生」に懐疑的だと，信頼を得るのは難しいかもしれません。

言われてみれば，逆もまた真なりですよね。教師のほうもこれまでの経験から，保護者を警戒している。

本当は，学校も家庭も，子どもを善く育てるという共通の目標に向かって，協力していく間柄であるのが理想なんですけどね……。

Answer!

①先入観を持たずに保護者と率直に話し合う。
②話し合ってもわかり合えないときは潔く認め，次のコミュニケーションの機会に向けて前向きになる。

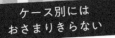

03 休み時間「子どもと一緒に遊びに行け」と言われるけれど

校長先生に「休み時間は校庭に出て，子どもと一緒に遊びなさい。そうすれば授業ではわからない子どもの姿が見られて，児童理解に役に立つから」と言われるのですが，クラスの雑務やマル付けに追われて，とても休み時間に校庭で遊ぶ余裕はありません。どうすればいいのでしょうか。

「子どもと遊ぶ」にはメリットしかないとわかってはいるけれど…

 私もできないんだよね。要領が悪いのかな。授業中に雑務やマル付けを終わらせるって，デキる先生は言うけど，私には，授業中にそんな余裕はない。休み時間に個別指導もしたいし。

 校長先生のおっしゃることもよくわかります。

 「子どもと遊ぶ」のはメリットしかないよ。子どもたちは先生をもっと好きになるし，保護者は「休み時間も遊んでくれる先生」を評価しがちだし，新米で授業が拙くても，休み時間に遊ぶことでそれをカバーできるという側面もあると思うなあ。それはわかっているんだけれど……。

子どもと遊んでしまったら，確実にその分残業時間が増える。

 だから，たった20分とわかっていても，その余裕がないんだよね。

自分のスタイルを確立しよう

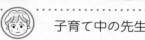

 子育て中の先生で，お迎えがあって残れないから，休み時間は一切校庭に出ず，ひたすら仕事をこなすことを徹底している人もいました。でも，子どもの心をつかむのも授業も上手いから，人気はありましたよ。一方，早朝から来て仕事をして，休み時間は必ず子どもと遊ぶ先生もいました。

 どちらも共通しているのは，自分のスタイルを確立しているっていうことですよね。

 スタイルが決まれば悩まない。でもね，どっちでもないというスタイルもあると思うんですよ。たとえば昼休みだけとか，週1回とか，あるいは，気が向いたとき，余裕のあるときだけとか。

 それだけでも，子どもはすごく喜んでくれますよね。

 ただし，校長先生の評価を得たかったら，自分のスタイルを棚上げして，残業覚悟で毎日遊ぶことをお勧めします（笑）。

Answer!

①授業以外の場面で子どもと関わることのメリットを理解する。
②教師自身の生活スタイルの確立を優先する。

お悩み

04 どうしても伝わらないとき，まず，なにをすればいい？

> 自分では一生懸命やってきたつもりなんですが，最近，どうも，こちらの思いが子どもたちに伝わらない気がします。なにを言ってもそっぽを向かれている感じがして……。
>
> こういう状態に陥ってしまったら，まず，なにをすればいいですか。

遊ぶ。聞く。風を自覚する。

 こういうときこそ，休み時間に子どもと関わることが効果を発揮しそうですね。伝えようという気持ちをいったん横に置いて，子どもの話をしっかり聞くようにします。子どもたちは，話を聞いてくれる人が好きなんです。まずはそうやって，子どもの親愛感情を取り戻したらいいと思います。

 同感です。そして，もし，一緒に遊んでいるときに子ども同士のトラブルが起きても，解決しようとして先生風を吹かせないほうがいいかも。一緒に困って，子どもたちの意見をよく聞くといいと思います。トラブルのときだけじゃなく，普段から「今日の朝ごはんなに食べたの？」のような他愛のない会話を積み重ねていくことも大切。伝えたかったら，伝えずにまず「聞く」を徹底，でどうでしょうか。そ

いっしょに 遊ぼう!!

うして親愛感情を取り戻すことで，初めてこちらの思いを聞いても
らえると思います。

 その通りです！　加えて【マインド02】で解説した自身の「風」
についてふりかえってみることも，ぜひしてほしいですね。

授業を面白くする

 一見すると全然関係ないと思われるかもしれないけれど，授業を面
白くするのも効果を発揮すると思うんです。とはいえ，児童の知的
好奇心を耕すような深い面白さをもたらす授業なんて，一朝一夕で
できるものではないから，まずは子どもだましからでもいいと思い
ます。

 子どもだましですか？

 言い換えれば，表面的な，小手先の面白さのことです。たとえば
「ピンポン♪ブー♪」って鳴る機械を導入するとか，ダジャレを盛
り込むとか，子どもの珍解答に大げさにコケるとか，わかりやすい
面白さを授業に盛り込む。子どもはそんなんでも喜んでくれます。
それをしつつ，水面下で，地道に少しずつ，授業を本当の意味での
"面白い" ものに変えていく努力を重ねる。もちろん一度に全部は
無理だろうから，週に一つでも，一日に一つでも，できる範囲で。

Answer!

①伝えずに，聞く。関わる。ともに遊ぶ。ともに笑う。
②「風」を変える。授業を変える。

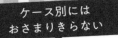
05 自分の心が折れてしまいそうなときは

自分の心が折れてしまいそうなとき，どうやって立ち直りますか。

心と身体はつながっている

 私ね，ホント最悪の状態のときに「スポーツしなよ！」とか「ぐっすり，好きなだけ寝ればいい！」ってアドバイスされたことがあって。正直そのときは「能天気なアドバイスだなー。そんな簡単なことで気持ちが

変わるわけないじゃん！」って思ったんだけど，実際，どちらもやってみたら大いに効果があったの！　不思議なことに。

 体が整うと心も整いますよね。

 そう。皆が思っているよりずっと心と身体はつながっていて，もっと言ったら一体なのかもしれないって，そのとき悟りました。だからストレスで病気になることもあるし，身体を整えたら心も良くなるんだと思う。

悩みがあるなら，誰か親しい人に洗いざらい聞いてもらうのが一番いいって言いますね。

 それも，人に話しているうちに自分の中で整理できるから効果的な良い方法だと思います。川上クンはなにか自分なりの方法がある？

 まったりくつろぐ "チル" な時間をつくるようにしています。だらしなく過ごしてお酒飲んで自分を甘やかして……。あまり参考にならないかも。

 私は心折れそうなときは「人間なんて宇宙のありんこ。人間の一生は大きな歴史の中では一瞬」って思うようにしている。そしたらすべての悩みはちっぽけになるでしょう？　それから，「悩みは，時間が解決するものと解決できないものの２つしかないから悩まない。解決できないものは抱えながら生きるしかない」っていう理論も採用してます。というわけで，こう見えても，今も，それなりにいろいろ小さな不幸を抱えて生きています。でも，この仕事をしている限り，毎日子どもに会えて一緒に楽しめるから，大きく言ったら幸せです。きっと，教師はみんなそうだよね。

 そうなんですよ。だから朝会ったときに「今日も元気に登校してくれてありがとうね」ってスタートできるんです。

Answer!

㊍スポーツする。寝る。話す。俯瞰する。抱えて生きる。
⑪自分をめちゃめちゃ甘やかす。"チル" な時間を過ごす。

がんばる先生方へのエールに代えて

—おふたりとも，本当にありがとうございました。本書における対談やこれまでの打ち合せなどを通じて，お互いの想いや考えを語り合う中で，どのように感じられましたでしょうか？

マミ先生

私は，表出されている表現自体は違うけれど，根っこにあるものは共通ということを，改めて感じました。

川上先生

はい。子どもを思う気持ちがすごく共通していますよね。
マミ先生も，この言葉ひとつで子どもたちの気持ちがどう変わっていくかとか，どう受け止められるのかとか，すごく丁寧に考えられているんだなと思い，もう「共感しかなかった」です。

そう！「共感しかない」っていう言葉がぴったりですねえ。

考え方とか，ベースにあるものがまったくぶれないですよね。
あとはふたりとも，教員が天職なのだと思います。それは教えるのが得意とか好きとかではなくて，自分の想定範囲にない子どもの行動とか言葉を前にすると，ほとんどの人はイライラしたり，怒ってしまったりすると思うんです。
でも，私たちはクスッと笑っちゃう。「やってほしいことをやらない」「やっちゃだめなことをやる」，そういう子どもたちを大らかに笑って見られるかどうかって，実は大事な資質だと思います。

—ちなみに，「ちょっと違うな」って思ったことはあったりしましたか？

考えや想いというより，スタイルの違いですかね。
マミ先生が2段3段飛ばしで階段を進んでいく中，私はゆるーいスロープをじわじわ上っていくような感じがしました。

いや，私は感覚的にこれだ，って思ったことをぱっと出しちゃうから，説明が足りないんです。だから理論的な解説を丁寧に加えてくれて，私はすごくありがたかったです。

私も新鮮で，学びになった部分がたくさんありました。
たとえば，大人の「目の使い方」についてけっこう述べられていましたね。なかなかうまく言語化できないことも多いんですよね。特別支援教育の分野からも大人の「視線」の意味について改めて大事にしたいと思いました。

―本書でおふたりの話をより深く知って，子どもは一人ひとり違い，指導の方法も「これだけが答え」というわけじゃないんだなと改めて感じました。教室で多様な子どもと日々向き合う中で，大事なことって何でしょう？

「『これが答え』ということがない」ことを知っておくことです。多くの先生は，「答え」を知りたいと考えています。でも１つの答えがあるわけではない。答えを探そうとするのではなく，多様な子どもと向き合うための多様な枠組みを持っておくこと。それが何らかの答えに結びつくのではないでしょうか。

答えになりそうな知識や武器（スキル）を心の引き出しに詰めておくと，そこから答えのヒントが見つかるかもしれないからね。

答えになりそうなものをたくさん持つためには，目の前で起きていることに対して，「何か共通したものを見出せるかもしれない」という視点で見ることが大切になります。そこから文献を読んだり，他の先生に話を聞いたりして自分の考えをまとめていく，帰納法的な考え方が大事です。

それに通じるかもしれないけど，私が一番大事にしてることは，く

り返しになるけれど，「真っ白な気持ちで見る」こと。先入観とか，この子はこういう子，こうすればうまくいく，っていうものは知識としてもってはおくけど，まずはひとりの人間としてその子を見る。そうすると見えてくるものがある気がするんです。

本書では「普遍的なもの」をテーマにして進めてきましたが，こう考えてみると今日的価値である「個別最適」にもつながることがありそうですね。

―ただ，おふたりはご経験もあって，「余裕」があるのかなとも思うのです。けれども実際，特に若い先生は，まわりからのプレッシャーもあって，「笑っていられない」ことも多いのかなと思うのですが，その点でアドバイスはありますか？

たしかに，たとえば朝礼や教室移動で，ちゃんと並べてないと他のクラスの先生からどう見られるか…とか，そういうプレッシャーっていうのはあると思います。それで「ちゃんとさせなきゃ」ってなる。私はいまだにそうです（笑）。

そんなとき，私は，子どもたちに正直に話しちゃうことが多いかな。「並びなさい」っていうんじゃなくて，「大人は"ちゃんと"並んでいるのが好きだから，そういうとこ見せてあげよう」とか，ちょっとユーモアを交えて伝えます。子どもたちは，納得さえすれば，自然に動いてくれます。

子どもも大人もそうですけど，「窮屈」「不自由」「他律的」の３つは誰でも嫌なものですよね。若い先生方が周りから「それでいいの？許されるの？」などのプレッシャーがかかったときに，本書を参考にしながら「大丈夫です」と言い切っていただきたいです。

言い切らないという方法もありますよ。へらへらして，のらりくらりして，うまくやり過ごすという方法も。

学校全体のルールとか，見える部分では合わせつつ，自分の学級の

中で「これだけはゆずれない」って思うことを，大切にできたらいいんじゃないかな。

―なるほど，私も一人の社会人として参考にさせていただきます…。
　終わりが近づいてきましたので，最後に，本書を手に取って下さった読者の皆様にメッセージをお願いします。

私は，子どもにもっと任せてもいいんじゃないかな，って思っています。先生が一人でがんばらなくても，子どもと相談して，子どもと一緒にやっていけばたぶん，うまくいくんじゃないかなって思います。
そんな考えが基盤にあるので，私は，子どもを「指導しなきゃいけない集団」ではなく「一緒に楽しんでいる仲間」と思って，日々過ごしてます。だって，一緒に学ぶと楽しいもん。

マミ先生の話は，「子どもを信じる」という想いが溢れていますね。私からは，読者の皆さんに「そうか，こう考えればいいのか」とか「え，ここまで考えていいの，それならやってみよう」って思ってもらえたら嬉しいです。そして校内とか，身近なところで居場所をつくれたらいいですよね。
「この本読みました？」と声を掛け合って一緒に学べる仲間ができたら最高です。

この本を読んで，教室の多様な子どもたちだけじゃなく，職場にいる多様な先生たちとも，教室にいる多様な保護者とも，上手にかかわれるようにしてもらえたら，みんな幸せになれるかな。
日本全国，そんな学校になったらいいなぁ。

〈インタビュー：新井皓士（明治図書編集部）〉

■参考文献一覧

・林真未『低学年担任のためのマジックフレーズ』明治図書（2020）

・Ａ・Ｓ・ニイル著，堀真一郎訳『ニイル選集』黎明書房

・松崎運之助著『幸せになるための学校』ひとなる書房（1996）

・飯村周平『ＨＳＰの心理学　科学的根拠から理解する「繊細さ」と「生きづらさ」』金子書房（2022）

・一般社団法人日本授業 UD 学会編，小貫悟・川上康則著，赤坂真二編著『テキストブック　授業のユニバーサルデザイン　特別支援教育・学級経営』一般社団法人日本授業 UD 学会（2020）

・加藤路瑛『感覚過敏の僕が感じる世界』日本実業出版社（2022）

・金原洋治監修，はやしみこ著，かんもくネット編『どうして声が出ないの？　マンガでわかる場面緘黙』学苑社（2013）

・川上康則『〈発達のつまずき〉から読み解く支援アプローチ』学苑社（2010）

・川上康則『通常の学級の特別支援教育　ライブ講義　発達につまずきがある子どもの輝かせ方』明治図書（2018）

・川上康則『子どもの心の受け止め方　発達につまずきのある子を伸ばすヒント』光村図書出版（2020）

・川上康則『教室マルトリートメント』東洋館出版社（2022）

・河村暁『子どもの特性と対応がわかる！　「特別支援教育」の基本とコツがわかる本』ソシム（2022）

・木村順『育てにくい子にはわけがある』大月書店（2006）

・キャロル・グレイ著，門眞一郎訳『コミック会話　自閉症など発達障害のある子どものためのコミュニケーション支援法』明石書店（2005）

・厚生労働省「ヤングケアラーとは」（https://www.mhlw.go.jp/young-carer/）

・多賀一郎『学級担任のための「伝わる」話し方』明治図書（2014）

・西田泰子・中垣真通・市原眞記『興奮しやすい子どもには愛着とトラウマの問題があるのかも　教育・保育・福祉の現場での対応と理解のヒント』遠見書房（2017）
・平賀孟「トップ選手指導の心理」『現代スポーツコーチ全集　競泳のコーチング』大修館書店（1973），pp.325-338
・松浦直己『教室でできる気になる子への認知行動療法　「認知の歪み」から起こる行動を変える13の技法』中央法規出版（2018）
・文部科学省「かすたねっと」（https://casta-net.mext.go.jp）
・米澤好史・松久眞実・竹田契一『特別支援教育　通常の学級で行う「愛着障害」サポート　発達や愛着の問題を抱えた子どもたちへの理解と支援』明治図書（2022）

■資料提供

平賀　誠

松浦いづみ

合田哲雄

【著者紹介】

林　真未（はやし　まみ）

立教大学卒業後，明星大学通信教育課程で教員免許を取得。
雑誌記者を経て，家族支援者を志す。3児の子育てをしながら，
通信教育でカナダ・ライアソン大学家族支援職資格課程を修了
し，日本人初のファミリーライフエデュケーターに。
公立小学校教員，子育て支援NPO理事でもある。
著書に『困ったらここへおいでよ　日常生活支援サポートハウ
スの奇跡』（東京シューレ出版），『子どものやる気をどんどん
引き出す！低学年担任のためのマジックフレーズ』（明治図書）
がある。

川上　康則（かわかみ　やすのり）

東京都立矢口特別支援学校主任教諭

公認心理師，臨床発達心理士，特別支援教育士スーパーバイザ
ー。立教大学卒業，筑波大学大学院修了。肢体不自由，知的障
害，自閉症，ADHD や LD などの障害のある子に対する教育
実践を積むとともに，地域の学校現場や保護者などからの「ち
ょっと気になる子」への相談支援にも携わる。主な著書に『教
室マルトリートメント』（東洋館出版）ほか，多数。

［本文・カバーイラスト］
有田りりこ

一人一人違う子どもたちに
「伝わる」学級づくりを本気で考える

2023年3月初版第1刷刊 ©著　者	林	真	未
	川　上	康	則
発行者	藤　原	光	政

発行所　明治図書出版株式会社
http://www.meijitosho.co.jp
（企画・校正）新井皓士
〒114-0023　　東京都北区滝野川7-46-1
振替00160-5-151318　電話03(5907)6701
ご注文窓口　電話03(5907)6668

＊検印省略　　　　　組版所　日本ハイコム株式会社

Printed in Japan　　　　ISBN978-4-18-233225-8
もれなくクーポンがもらえる！読者アンケートはこちらから